职业院校电子商务专业精品系列课程

电子商务网络技术基础

主　编　裴　磊
副主编　金　蕊　么冰玉

中国财富出版社

图书在版编目（CIP）数据

电子商务网络技术基础/裴磊主编．—北京：中国财富出版社，2018.12
（职业院校电子商务专业精品系列课程）
ISBN 978－7－5047－6843－8

Ⅰ.①电…　Ⅱ.①裴…　Ⅲ.①电子商务—计算机网络—职业教育—教材
Ⅳ.①F713.36②TP393

中国版本图书馆 CIP 数据核字（2018）第 276375 号

策划编辑 李彩琴　**责任编辑** 李　伟
责任印制 尚立业　**责任校对** 孙丽丽　**责任发行** 杨　江

出版发行　中国财富出版社
社　　址　北京市丰台区南四环西路 188 号 5 区 20 楼　**邮政编码** 100070
电　　话　010－52227588 转 2098（发行部）　010－52227588 转 321（总编室）
　　　　　010－52227588 转 100（读者服务部）　010－52227588 转 305（质检部）
网　　址　http：//www.cfpress.com.cn
经　　销　新华书店
印　　刷　北京京都六环印刷厂
书　　号　ISBN 978－7－5047－6843－8/F·3072
开　　本　787mm×1092mm　1/16　版　次　2019 年 9 月第 1 版
印　　张　6.75　印　次　2019 年 9 月第 1 次印刷
字　　数　152 千字　定　价　30.00 元

前　言

电子商务是伴随着计算机与网络的发展而产生的一种全新的商务形式，它主要建构在以网络为平台的电子交易系统上。随着网络技术和信息技术的飞速发展，电子商务得到了越来越广泛的应用。电子商务是以计算机网络为基础载体的，大量重要的身份信息、会计信息、交易信息等都需要在网上进行传递。

电子商务和网络营销是以计算机网络为基础的商业运营模式，因此，学习和掌握计算机网络技术，是为更好地学习和理解“电子商务”“网络营销”以及电子商务专业其他相关课程奠定良好的基础。本教材就是为实现这一目标而编写的。

本书的编写符合新的职业教育理念。在注重教学内容先进性、实用性和可操作性的同时力求体现知识的完整性和系统性，教材内容的表达形式尽可能标准化，理论联系实际，并通过案例和练习来强化和提高学生的技能。本书内容丰富，包括计算机网络技术、局域网技术、Internet 与网络互联技术、移动电子商务技术、电子商务网络安全技术。

本书可作为职业院校电子商务专业、工商管理专业的教材或参考用书，也适合具有中等以上文化程度的读者自学之用。

本书由锦州市现代服务学校裴磊、金蕊、么冰玉、于瑛淑、代竞鹏等老师共同编写完成。

尽管我们为本书付出了许多努力和心血，但书中疏漏和不当之处在所难免，敬请各位读者和专家提出宝贵意见，以便我们进一步完善。

编者

2019 年 3 月

目　录

第一章　计算机网络技术 …… 1

第一节　计算机网络技术概述 …… 2

第二节　计算机网络设备认知 …… 6

第三节　计算机网络拓扑结构 …… 19

第二章　局域网技术 …… 28

第一节　计算机局域网协议 …… 28

第二节　以太网（Ethernet） …… 30

第三节　以太网交换机 …… 33

第四节　综合布线系统 …… 38

第五节　网络方案设计 …… 40

第三章　Internet 与网络互联技术 …… 44

第一节　Internet 基础 …… 45

第二节　常用协议分析与实例研究 …… 51

第三节　IP 路由与网络互联 …… 56

第四节　Internet 的应用与管理 …… 60

第四章　移动电子商务技术 …… 67

第一节　移动互联网技术 …… 67

第二节　移动电子商务技术 …… 69

第五章　电子商务网络安全技术概述 …… 76

第一节　内网安全防御 …… 76

第二节　网络故障处理 …………………………………………………… 81
第三节　设备故障处理 …………………………………………………… 86
第四节　系统安全 ………………………………………………………… 92

参考文献 ………………………………………………………………………… 99

第一章　计算机网络技术

学习目标

知识目标

1. 了解计算机网络的概念和分类。
2. 熟悉计算机网络分类的基本功能。
3. 理解计算机网络分类的组成及分类。
4. 熟知计算机硬件安装流程。
5. 熟知计算机软件安装方法。
6. 明确路由器的设置步骤。

能力目标

1. 学会计算机软硬件的安装方法。
2. 掌握各个品牌路由器的设置方法。
3. 熟练掌握总线型、星型、环型及树型网络拓扑结构。

任务概述

本章包含以下三个学习小节。

第一节　计算机网络技术概述

第二节　计算机网络设备认知

第三节　计算机网络拓扑结构

通过本章节的学习，学生熟知计算机网络技术基础的相关知识，能够根据步骤完成计算机软硬件的安装与路由器的设置，掌握不同的网络拓扑结构。

第一节　计算机网络技术概述

一、计算机网络的概念

在计算机网络的发展过程中，人们主要从三个不同维度对其进行了定义：从强调信息传输的广义角度出发；从强调资源共享的角度出发；从用户透明性的角度出发。所谓的计算机网络，包括三个方面的含义：必须有两台或两台以上的具有独立功能的计算机系统相互连接起来，以达到共享资源的目的；两台或两台以上的计算机连接，互相通信，交换信息，必须有一条由物理介质来实现连接的通道；计算机系统之间的信息交换，必须有某种约定和规则，这就是协议，这些协议可以由硬件或软件来完成。

综上，可以将计算机网络的概念归纳为：把分布在不同地点且具有独立功能的多个计算机系统通过通信设备和线路连接起来，在功能完善的网络软件和协议的管理下，以实现网络中资源共享为目标的系统。

二、计算机网络的分类

（一）从网络的交换功能进行分类

网络的设计者经常从交换的功能对网络进行分类，常用的交换方法有电路交换、报文交换、分组交换、混合交换等。

（二）从网络的作用范围进行分类

从网络的作用范围分类，可以分为广域网、局域网、城域网。

广域网（Wide Area Network，WAN）又称广域网、外网、公网。是连接不同地区局域网或城域网计算机通信的远程网。通常跨接很大的物理范围，所覆盖的范围从几十千米到几千千米，它能连接多个地区、城市和国家，或横跨几个洲并能提供远距离通信，形成国际性的远程网络。广域网并不等同于互联网。

局域网（Local Area Network，LAN）一般用微型计算机通过高速通信线路相连，但在地理上则局限在较小的范围内（如 1km 左右）。

城域网（Metropolitan Area Network，MAN）的作用范围在广域网和局域网之间，如作用范围是一个城市，其传送速率比局域网更高，作用距离为 5 ~50km。

随着计算机网络技术的发展，局域网、城域网和广域网的界限已经逐渐变得模糊，它们之间的关系如图 1 -1 及图 1 -2 所示。

（三）从网络的使用范围进行分类

根据网络的使用范围进行分类，计算机网络可以分为公用网和专用网两种。

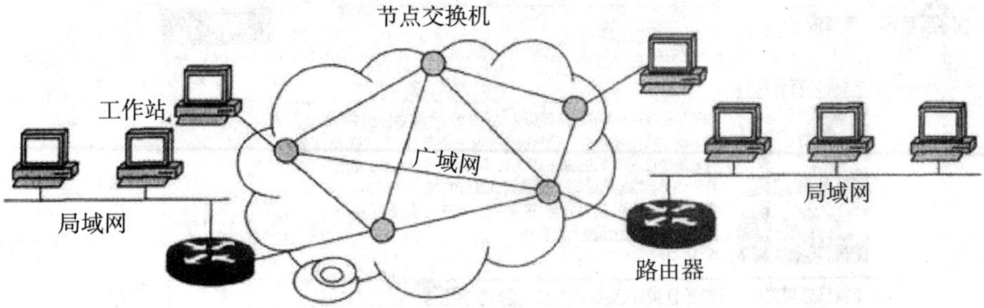

图 1－1　广域网与局域网的关系

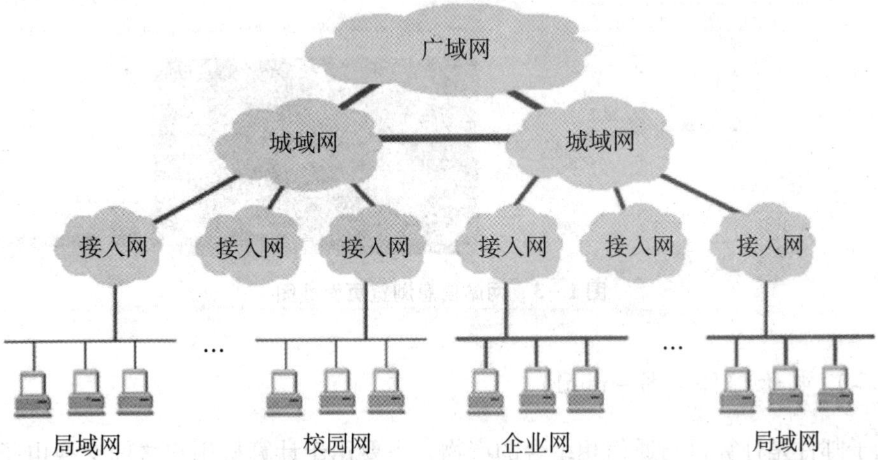

图 1－2　广域网、城域网与局域网的关系

公用网（Public Network）一般是国家的邮电部门建设的网络。“公用”的意思就是所有愿意按邮电部门规定交纳费用的人都可以使用。因此，公用网也可称为公众网。

专用网（Private Network）是某个部门为本单位特殊工作的需要而建造的网络，这种网络不向本单位以外的人提供服务。例如，军队、铁路、电力等系统均有本系统的专用网。

三、因特网（Internet）的主要功能

（一）信息浏览（WWW）

WWW 是因特网最基本的应用方式，正是 WWW 的简单易用和强大功能，极大地推动了因特网的发展和普及。它可以使一个从未用过计算机的人，在很短时间内就学会浏览网上丰富多彩的信息。体验者只需要用鼠标点击一下相关栏目或照片就可以从一个网站进入另一个网站，从一个国家进入另一个国家，坐在家中就可以轻松漫游全球。如图 1－3 所示，体验者在网站中浏览关于布拉格的旅游信息。

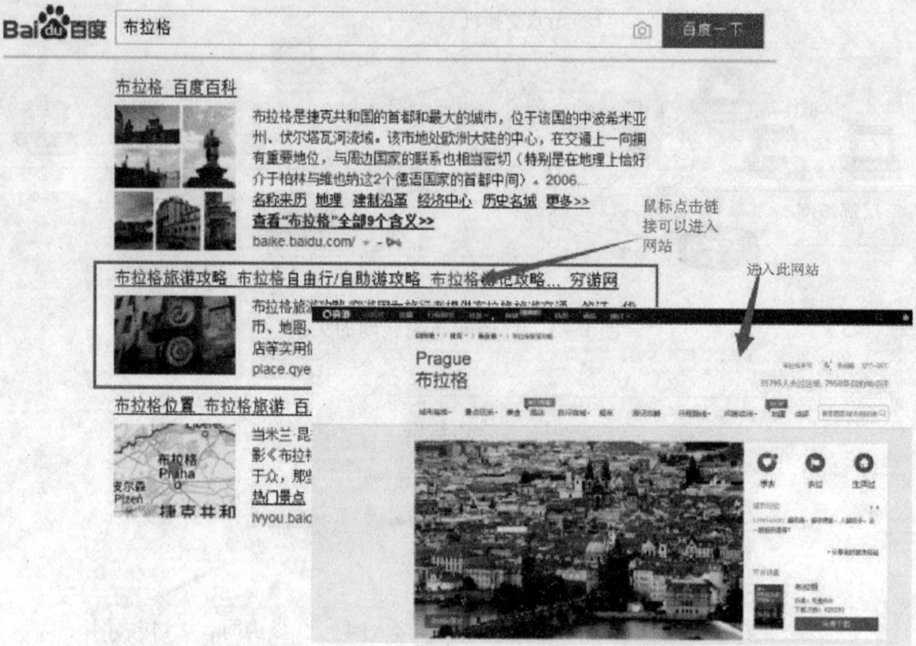

图 1-3　网站信息浏览页面截图

（二）电子邮件（E-mail）

电子邮件是计算机与通信相结合的产物，主要用于计算机用户之间交换电子信件。发信者在计算机上输入发信文件内容，存入发信方信箱中，借助通信网络将放在发信方信箱中的信件传送到收信方信箱中，当收信方打开自己的计算机，借助通信网络便可打开收信方信箱，阅读发信方传来的信件。在互联网众多的应用中，电子邮件无疑是较受欢迎的一个。图 1-4 是一位用户收到的电子邮件。在电子信箱中可以使用"邮件订阅"服务，如图 1-5 所示。这里会将最新的国内、国际新闻，公众服务信息，娱乐信息，计算机网络业界信息，财政证券信息，热门话题等丰富的内容进行分类收集、整理、加工，按照用户指定的订阅需求，定时发送到用户的电子信箱里。

（三）文件传输（FTP）

网上的很多应用软件、游戏、歌曲等文件都可以共享并免费下载，用户只需登录相关网站，使用 FTP 协议就可以下载所需的文件。如图 1-6 所示，在网易云音乐软件中下载音乐。

（四）新闻组（Usenet）

因特网的新闻组（Usenet）是一个电子讨论组，它集中了对某一主题有共同兴趣的人发表的文章。在这里，用户可以与遍及全球的其他用户交流对某些问题的看法，分

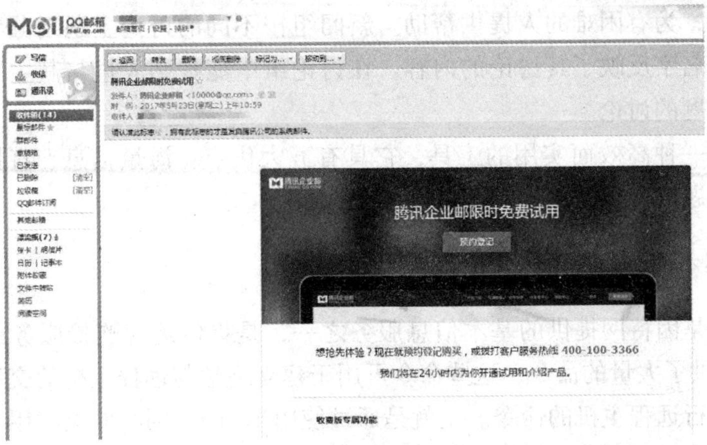

图 1－4　用户电子邮箱收到的一封电子邮件页面截图

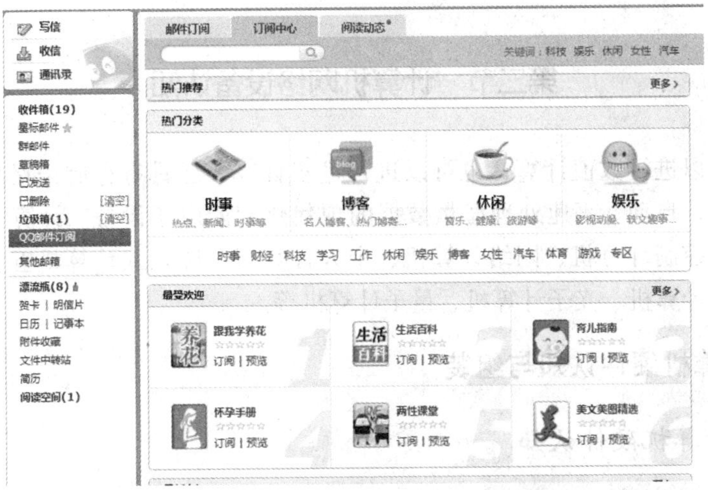

图 1－5　邮件订阅——订阅中心页面截图

图 1－6　网易云音乐下载页面截图

享有益的信息，为有困难的人提供帮助。新闻组按不同的讨论主题划分为不同的讨论组，讨论组的名字反映了其讨论的内容。在讨论组中能找到大量与其主题有关的文章以及对许多问题的讨论。

新闻组是一种高效而实用的工具，它具有五大优点：海量信息、直接交互性、全球互联性、主题鲜明以及不用实时在线。

（五）远程登录 Telnet（Remote Login）

远程登录是因特网提供的基本信息服务之一，是提供远程连接服务的终端仿真协议。Telnet 提供了大量的命令，这些命令可用于建立终端与远程主机的交互式对话，可使本地用户执行远程主机的命令。也就是通过使用 Telnet，因特网上的用户可以将自己的计算机仿真成一台远程计算机的终端，然后在它上面运行程序或者使用它的软件和硬件资源。

第二节　计算机网络设备认知

计算机可以进行数值计算，也可以进行逻辑计算，还具有存储记忆功能，是能够按照程序运行，自动、高速处理海量数据的现代化智能电子设备。计算机可分为超级计算机、工业控制计算机、网络计算机、个人计算机、嵌入式计算机五类，较先进的计算机有生物计算机、光子计算机、量子计算机等。

一、计算机硬件认知与组装

（一）计算机硬件认知

计算机，俗称电脑，是现代一种用于高速计算的电子计算机器。计算机的种类较多，生活中常见的电脑、平板电脑等都属于计算机。

电脑也称微型计算机，是电子商务中不可缺少的工具，从外观上看，电脑分为显示器、主机、键盘和鼠标四个部分，其中主机是电脑最为核心的部分，也是最为复杂的部分，电脑主机内部的核心部件有主板、CPU（中央处理器）、内存、硬盘等。

1. 主板

主板是构成复杂电子系统的主电路板，可以简单地将主板理解为连接 CPU、内存、硬盘这些设备的电路板。

2. CPU

CPU 又叫中央处理器，是负责计算机运算的核心设备。

3. 内存

内存是与 CPU 进行沟通的桥梁。计算机中所有程序的运行都是在内存中进行的。

4. 硬盘

硬盘是储存数据信息的主要设备。

（二）计算机的组装

计算机的组装主要指的是计算机主机的组装，即将主板、CPU、内存、硬盘等部件连接组合成为可以使用的计算机的过程。计算机主机的安装分为安装 CPU、安装内存条、安装电源、连接机箱信号线、安装主板、安装卡类硬件、安装 IDE 接口硬盘、安装硬盘、连接外部设备九个步骤。

步骤 1：安装 CPU。CPU 的安装过程并不复杂，首先把主板中 CPU 插槽的摇杆拉起，然后把 CPU 放下去，最后把摇杆压下去。如图 1－7 所示。

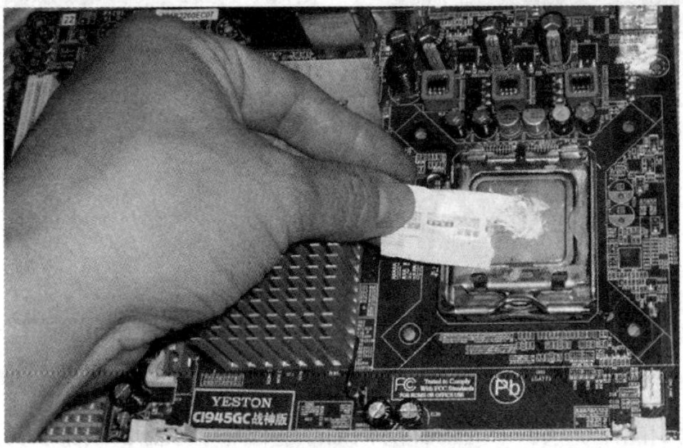

图 1－7　安装 CPU

步骤 2：安装内存条。注意需确认主板是否支持选用的内存条，如果强行安装会损坏内存条或主板。如图 1－8 所示。

图 1－8　安装内存条

步骤 3：安装电源。电源的选择要根据电脑的配置来决定，高配置需选择大点的电源箱。计算机里的每一个配件都有自身的功耗（除去机箱），把这些配件的功耗加起来就能得到机器的总功耗，然后将这个值乘以 1.5 就可以得到该电脑所需的电源功率。

如一个主机的总功耗是170W，然后再将这个值乘以1.5，最后得到电源功率应该是255W，这个255W就是在选择电源的时候用到的参考值，对于这套主机来说，额定300W功率的电源就足够了。如图1－9所示。

图1－9　安装电源

步骤4：连接机箱信号线。在组装计算机的过程中，把机箱信号线连接到主板（即机箱面板上开机、重启和硬盘指示灯等接头）是相对有难度的工作。如图1－10所示。

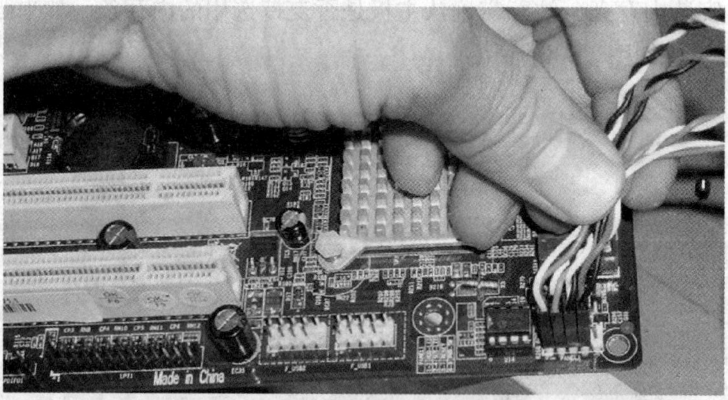

图1－10　连接机箱信号线

步骤5：安装主板。完成了前面的安装后，就可以把主板安装到机箱中了。如图1－11所示。

步骤6：安装卡类硬件。一般来说，显卡、声卡和网卡等统称为卡类硬件，这些卡类硬件是联系计算机内部系统与外部其他设备的数据链，如显卡、声卡和网卡分别与外部的显示器、音箱和局域网的网线连接。

步骤7：安装驱动器。驱动器是指计算机的存储设备，一般是指硬盘、光驱（DVD

图 1-11　安装主板

光驱或刻录机)，它们的安装方法是一样的。

步骤 8：安装硬盘。硬盘的数据传输是通过一根四线电缆与设备相连接来代替传统的硬盘数据排线，电缆的第 1 针供电，第 2 针接地，第 3 针作为数据发送端，第 4 针充当数据接收端，由于串行 ATA 使用点对点传输协议，所以不存在主/从盘的问题。串口硬盘的安装方法与 IDE 硬盘类似，只是它们的数据线不一样，在连接时略有不同。

步骤 9：连接外部设备。外部设备与计算机互连，将显示器的数据线插入主板后的 AGP 插槽中；键盘插入主板后的键盘插口中；将鼠标插入主板后的鼠标插口中；将音箱或耳机的音频线插入主板后的音频接口；网线插入主板后的网卡接口。

二、计算机软件认知与安装

（一）计算机软件认知

计算机软件系统分为系统软件与应用软件两大类。系统软件主要包括操作系统、语言处理程序、高级语言系统和各种服务性程序等。应用软件是用户可以使用的各种程序设计语言，以及用各种程序设计语言编制的应用程序的集合，分为应用软件包和用户程序。

1. 系统软件

系统软件是指为了用户方便使用计算机，充分发挥计算机系统的使用效率，围绕计算机本身开发的程序。如操作系统软件（Windows、UNIX、DOS、Linux 等）、语言编译程序（C-Free、Pascal 语言编译程序等）、数据库管理系统（SQL Server 2000、Access 等）。

2. 应用软件

应用软件是指为了某种使用目的而专门编写的程序系统。如文字处理软件、Office 办公软件、专用的财务软件、人事管理软件、计算机辅助软件（AutoCAD）、绘图软件（PS）、学校学生成绩管理软件等。

（二）计算机系统软件的安装

下面介绍常用的 Win10 系统的安装方法。

步骤 1：在组装好的计算机上插入 U 盘，然后开机，按 F2 键进入 BIOS 调制 U 盘的启动程序，如图 1－12 所示。

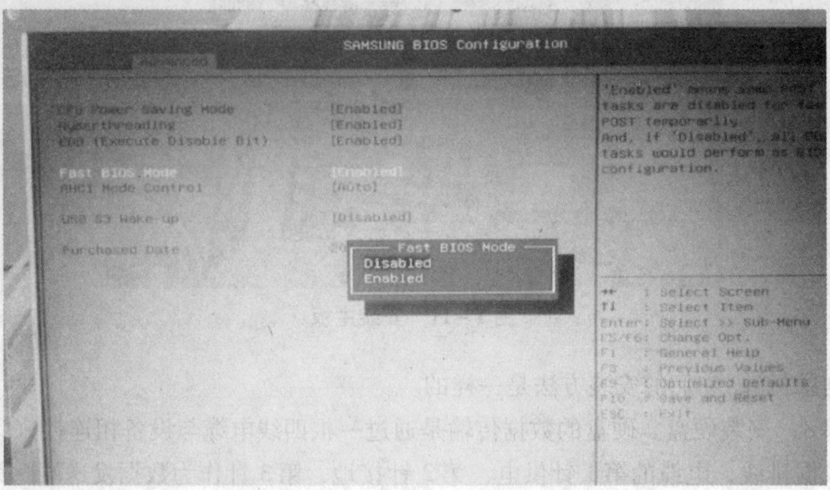

图 1－12　进入 BIOS 调制界面截图

步骤 2：进入安装界面，选择安装的语言体系版本，如图 1－13 所示。

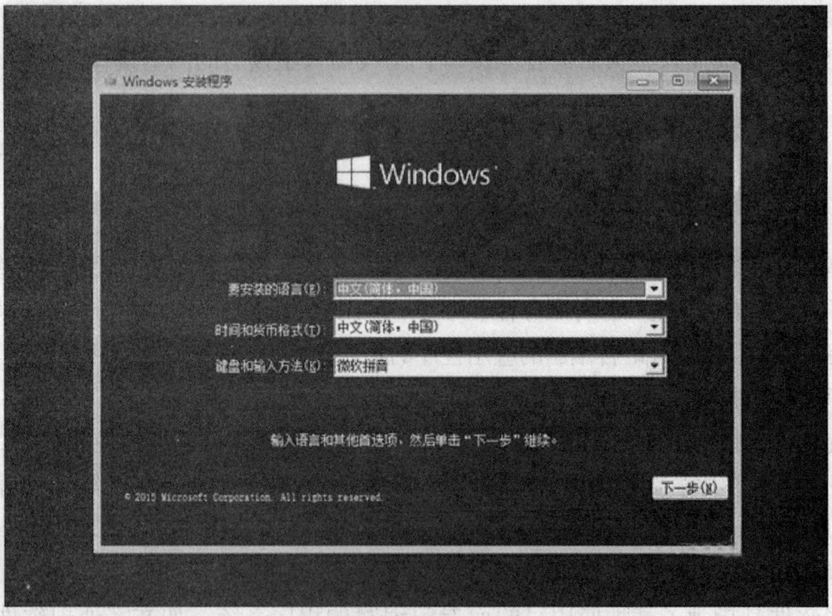

图 1－13　选择安装的语言体系版本界面截图

步骤 3：单击“现在安装”，如图 1－14 所示。

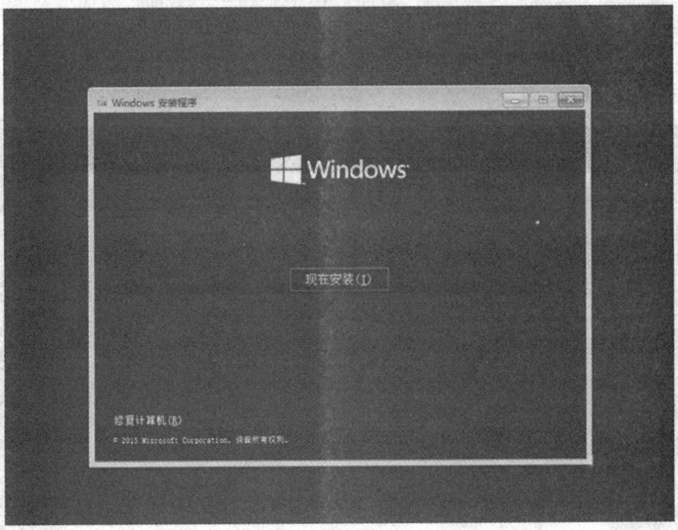

图 1－14　安装界面截图

注意事项

单击左下角的修复计算机—疑难解答—高级选项—系统映像恢复，恢复之前备份的资料，如果没有需要备份的资料，这一步可以省略。

步骤 4：接下来是输入密钥环节，可以在这个界面直接输入，也可以单击“跳过”，等系统装好后一起输入，如图 1－15 所示。

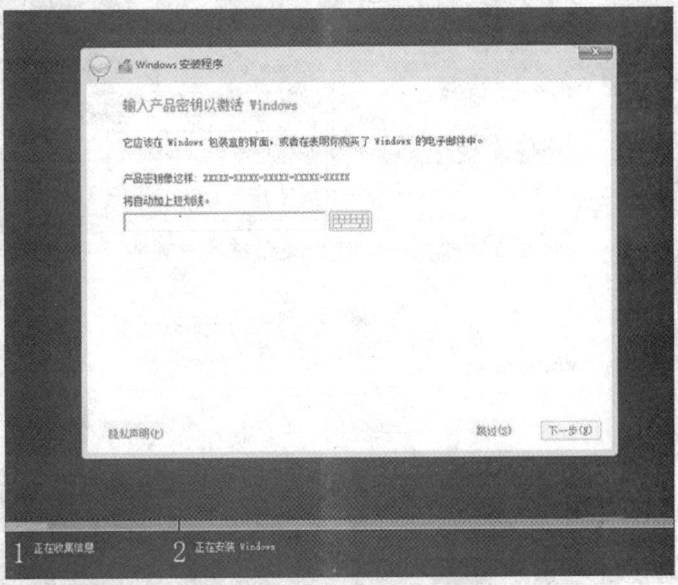

图 1－15　输入密钥界面截图

步骤5：选择系统版本，这里可以选择自己需要的版本，单击“下一步”继续，如图1－16所示。

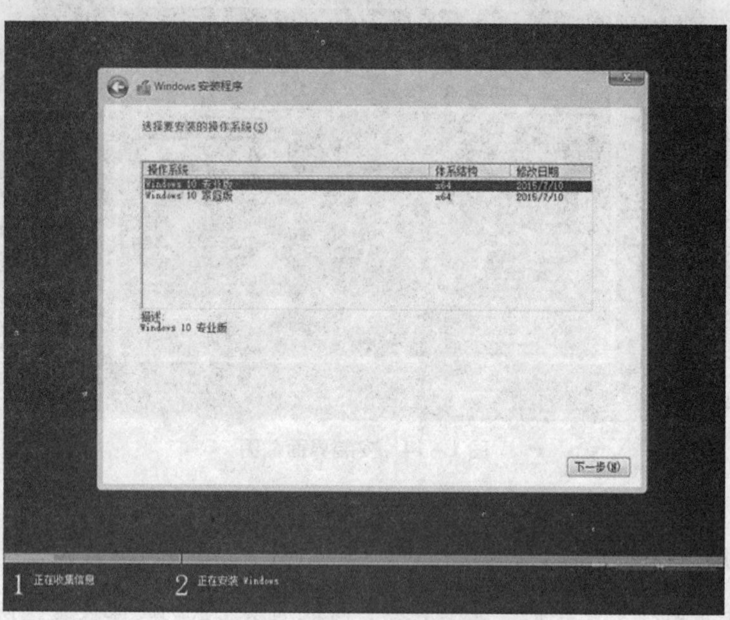

图1－16　选择系统版本界面截图

步骤6：选择安装类型，单击“下一步”，由于我们执行的是全新安装，因此这里选择第二项“自定义：仅安装Windows（高级）”，如图1－17所示。

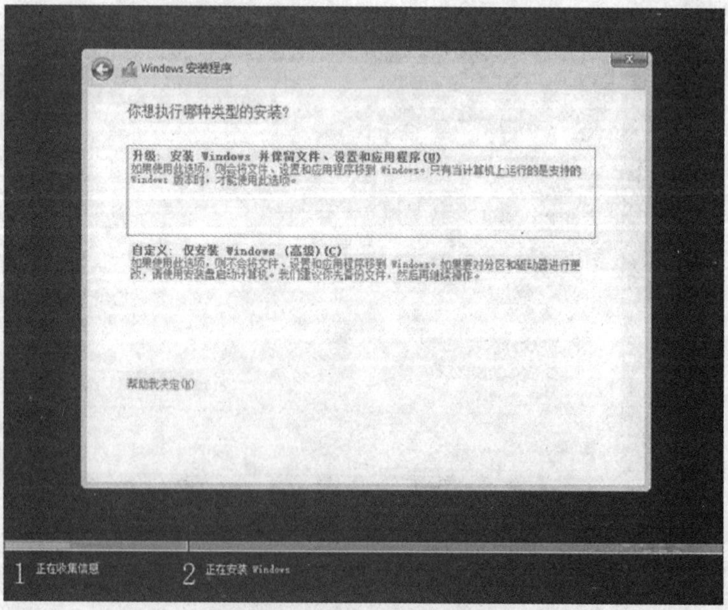

图1－17　选择安装类型界面截图

步骤 7：选择安装分区，如图 1－18 所示。

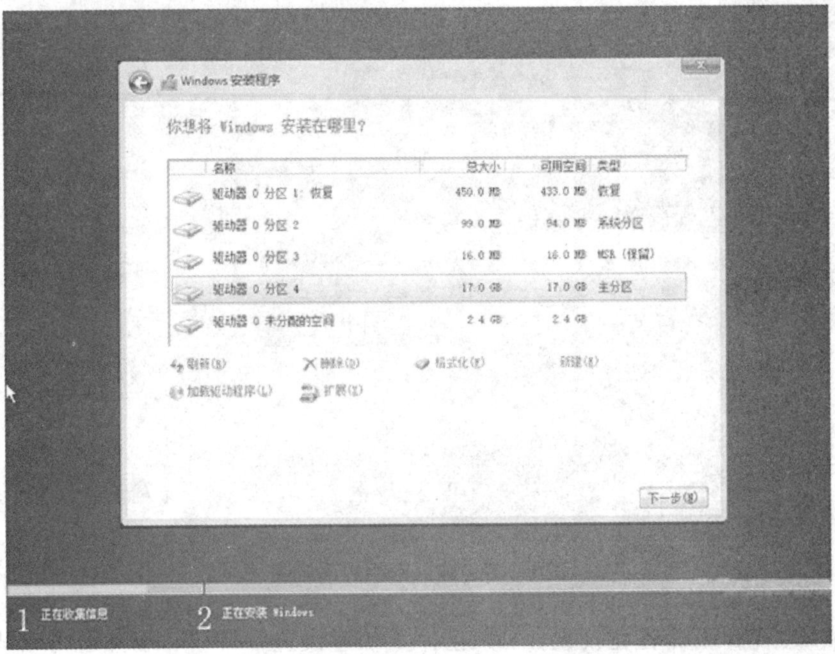

图 1－18　选择安装分区界面截图

步骤 8：电脑会自动重启几次，如图 1－19 所示。

图 1－19　安装过程界面截图

步骤 9：输入密钥，如图 1－20 所示。

图 1－20　输入密钥界面截图

步骤 10：Win10 个性化设置，一般选择“快速设置”即可，当然也可以选择“自定义设置”。这里为了演示，我们选择“自定义设置”，如图 1－21 所示。

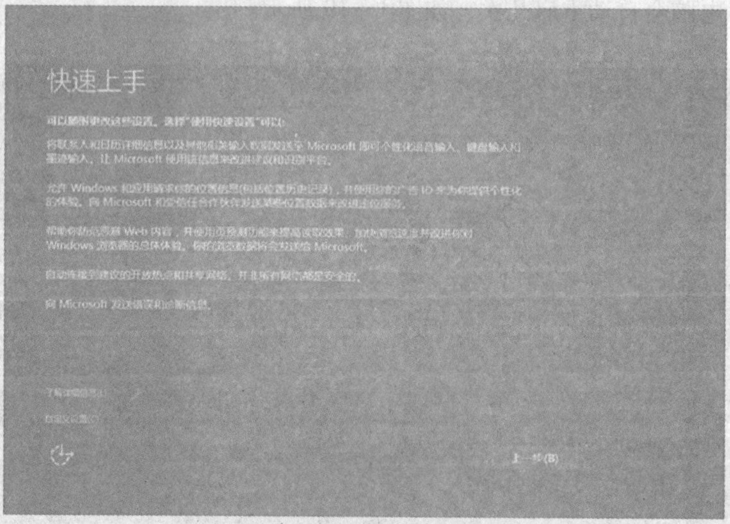

图 1－21　个性化设置界面截图

步骤 11：安装完成，如图 1－22 所示。

三、路由器的设置

现在无线设备的使用越来越普遍，尤其是智能手机、平板电脑，都已经具备连接

图 1－22　安装完成界面截图

Wi－Fi（无线局域网）的功能。如今的无线路由器可以实现宽带共享功能，为内网的电脑、手机、笔记本电脑等终端提供有线、无线接入网络服务，实现共享宽带上网。接下来详细介绍普通无线路由器连接宽带上网的设置方法。

（一）连接线路

将已经上网的宽带线连接到路由器的 WAN 口，可以上网的电脑连接到路由器的 LAN 口。确认入户宽带的线路类型，根据入户宽带线路的不同，分为电话线、光纤、网线三种接入方式，这里以光纤入户和 TP－LINK 最新的路由器作为参考，如图 1－23 所示。

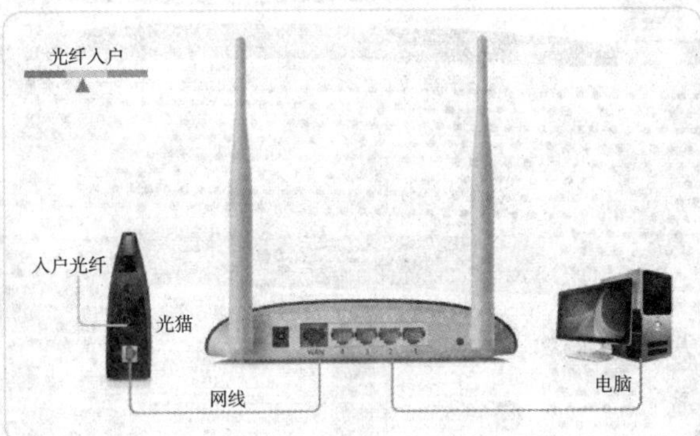

图 1－23　路由器线路连接

线路连好后，路由器的 WAN 口和有线连接电脑的 LAN 口对应的指示灯都会常亮或闪烁，如果相应端口的指示灯不亮或电脑的网络图标显示红色的叉，则表明线路连接有问题，应检查确认网线连接是否牢固或尝试更换一根网线。

注意事项

宽带线一定要连接到路由器的 WAN 口上。WAN 口与另外四个 LAN 口的颜色一般有所不同，且端口下方有 WAN 标识，请仔细确认。电脑连接到路由器 1/2/3/4 任意一个 LAN 口即可。

（二）设置路由器上网

1. 输入路由器管理地址

打开浏览器，清空地址栏并输入 tplogin. cn（部分早期的路由器管理地址是 192. 168. 1. 1）。如图 1－24 所示。

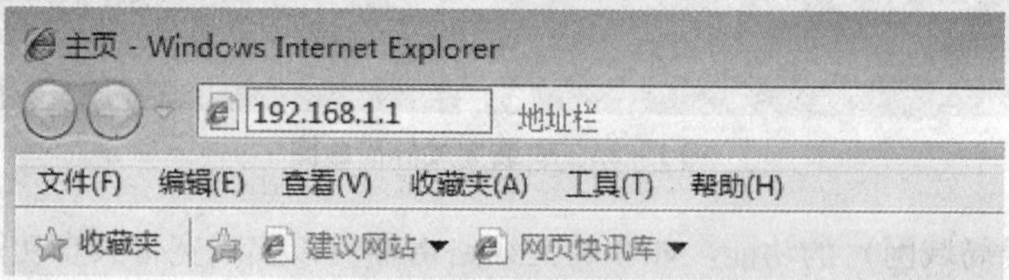

图 1－24　输入路由器管理地址页面截图

注意事项

部分路由器使用 tplogin. cn 登录，路由器的具体管理地址建议在壳体背面的标贴上查看。

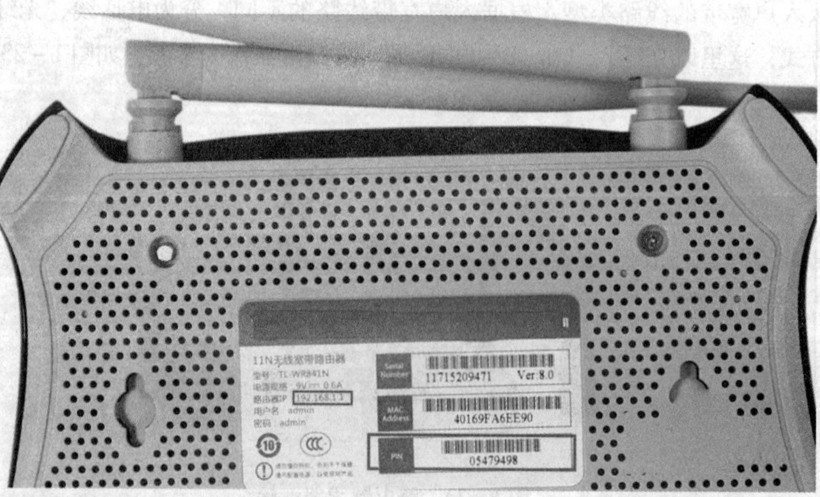

2. 登录管理界面

为了保障设备安全，初次进入路由器管理界面时，通常需要设置管理路由器的密码，根据界面提示进行设置，管理用户名、密码，均可输入 Admin。如图 1－25 所示。

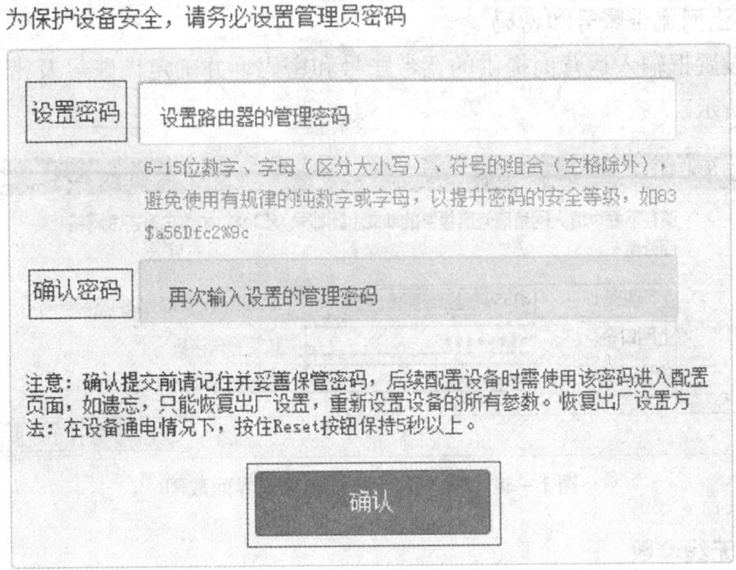

图 1－25　登录管理界面截图

3. 开始设置向导

进入路由器的管理界面后，单击“设置向导”，单击“下一步”。如图 1－26 所示。

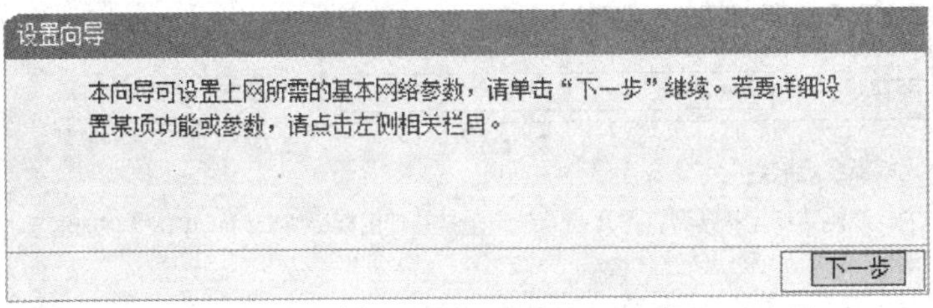

图 1－26　设置向导界面截图

4. 选择上网方式

大部分路由器支持自动检测上网方式，按照页面提示的上网方式设置即可。上网方式选择 PPPoE（ADSL 虚拟拨号），单击“下一步”。如图 1－27 所示。

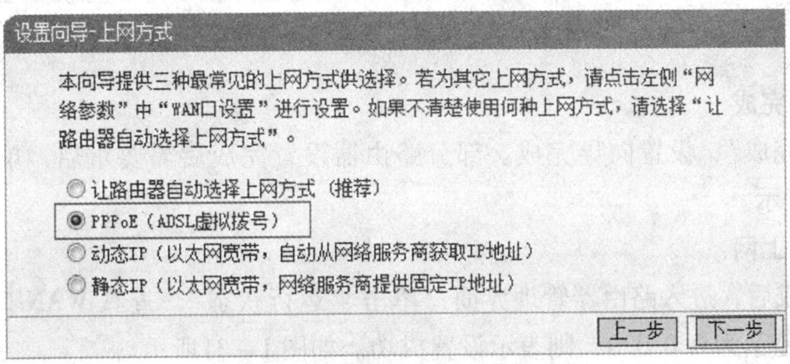

图 1－27　选择上网方式界面截图

5. 输入上网宽带账号和密码

在对应设置框输入运营商提供的宽带账号和密码，并确定该账号及密码输入正确。如图 1－28 所示。

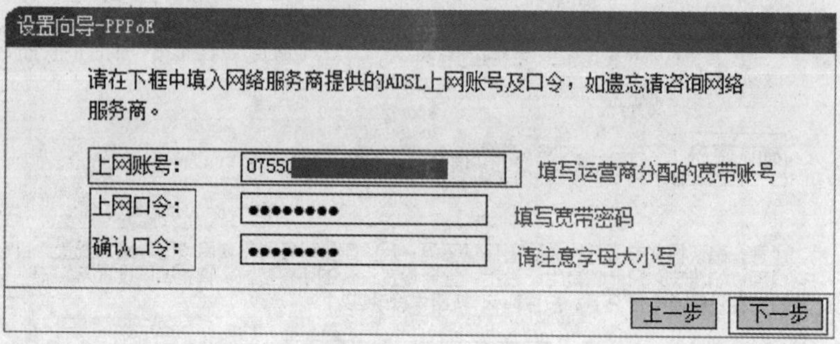

图 1－28 输入宽带账号和密码界面截图

6. 设置无线参数

SSID 即无线网络名称（可根据实际需求设置），选中 WPA－PSK/WPA2－PSK 并设置 PSK 无线密码，单击“下一步”。如图 1－29 所示。

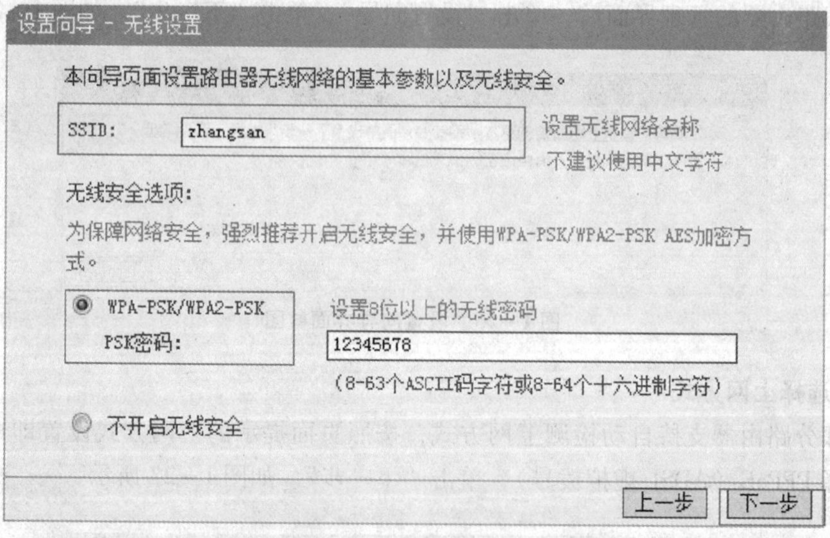

图 1－29 设置无线参数界面截图

7. 设置完成

单击“完成”，设置向导完成。部分路由器设置完成后需要重启，单击“重启”。如图 1－30所示。

8. 尝试上网

设置完成后，进入路由器管理界面，单击“运行状态”，查看 WAN 口状态，框内 IP 地址不再显示为 0.0.0.0，则表示设置成功。如图 1－31所示。

至此，网络连接成功，路由器设置完成。电脑连接路由器后无须进行宽带连接拨

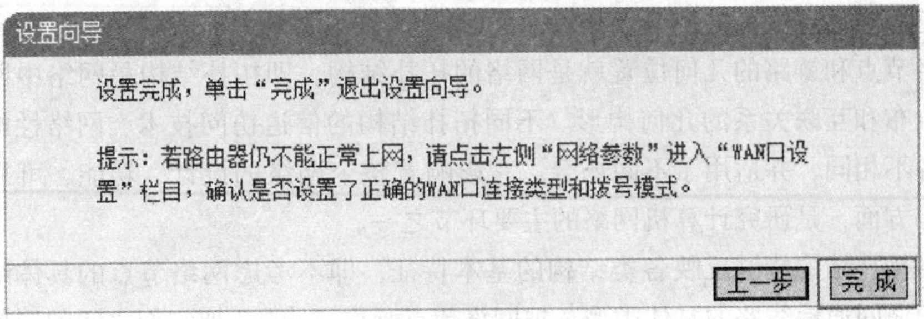

图 1－30　设置完成界面截图

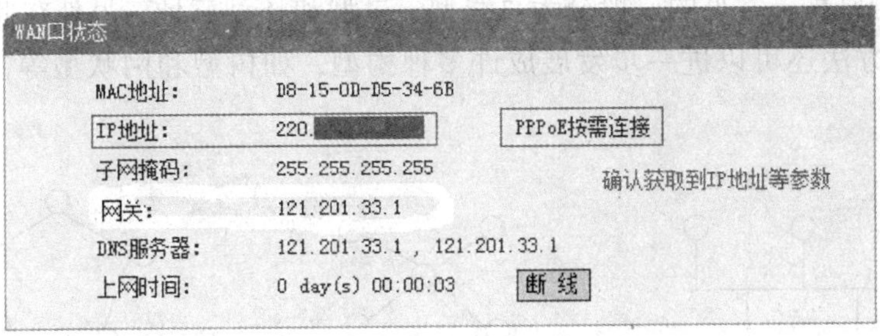

图 1－31　WAN 口状态界面截图

号，可以直接打开网页上网。如果还有其他电脑需要上网，用网线直接将电脑连接在 1/2/3/4 接口即可尝试上网，不需要再配置路由器。如果是笔记本电脑、手机等无线终端，无线连接到路由器即可直接上网。

第三节　计算机网络拓扑结构

计算机网络是由各种类型的计算机系统和各类终端通过通信线路连接起来的复合系统，它们具有不同的功能而又相互作用。对网络的设计者与建设者来说，了解它们的逻辑功能和层次结构，对各种网络的设计、建设与应用是必要的。只有使被研究的系统抽象化和模型化，才能详细了解和彻底掌握计算机网络体系，才能使计算机网络得到广泛的应用。

一、计算机网络的拓扑结构

拓扑学（Topology）是一个数学概念，作为几何学的一个分支，它是从图论演变而来的。拓扑学把实体抽象成与其大小、形状无关的点，将连接实体的线路抽象成线，进而研究点、线、面之间的关系。为进一步分析网络单元彼此互联的形状与其性能的关系，采用拓扑学的方法，把网络单元定义为节点，两节点间的连线称为链路。这样，从拓扑学观点看，计算机网络是由一组节点和链路组成的。

网络中共有两类节点：转换节点和访问节点。节点计算机、集中器和终端控制器等属于转换节点，它们在网络中只是转换和交换所传送的信息；主机和终端等是访问节点，它们是信息交换的源节点和目标节点。

网络节点和链路的几何位置就是网络的拓扑结构，即拓扑结构是网络中网络单元的地理分布和互联关系的几何构形。不同拓扑结构的信道访问技术、网络性能、设备开销等各不相同，并适用于不同场合。它影响着整个网络的设计、功能、可靠性和通信费用等方面，是研究计算机网络的主要环节之一。

网络拓扑结构能够反映各类结构的基本特征，即不考虑网络节点的具体组成，也不管它们之间通信线路的具体类型，把网络节点画作“点”，把它们之间的通信线路画作“线”，这样画出的图形就是网络的拓扑结构图。计算机网络的拓扑结构主要是指通信子网的拓扑结构，常见的一般分为总线型、星型和环型三种，另外在此基础上通过混合或其他方法还可以进一步发展成许多种构型，如树型和网状型等，如图 1－32 所示。

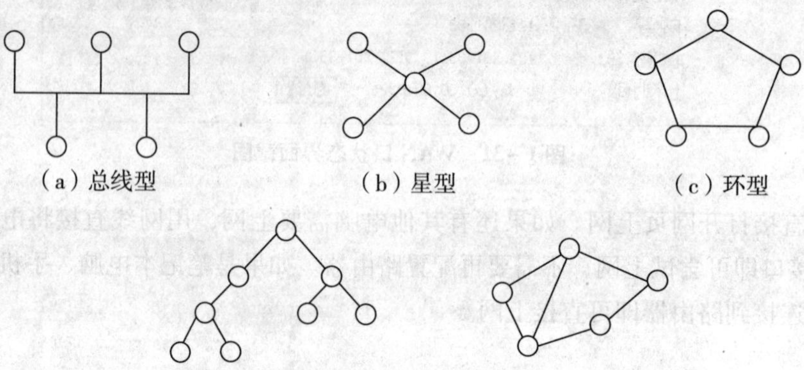

（a）总线型　（b）星型　（c）环型　（d）树型　（e）网状型

图 1－32　计算机网络的拓扑结构

由于存在不同类型的通信子网，表现在拓扑结构上也有所不同。下面简要介绍各种拓扑结构的基本特点。

1. 总线型

总线型中的各节点通过一个或多个通信线路与公共总线连接。总线型网络结构简单、扩展容易，网络中任何节点的故障都不会造成全网的故障，可靠性较高。如图 1－32（a）所示。

2. 星型

星型的中心节点是主节点，它接收各分散节点的信息再转发给相应节点，具有中继交换和数据处理功能。星型网络的结构简单，建网容易，但可靠性差，中心节点是网络的瓶颈，一旦出现故障则全网瘫痪。如图 1－32（b）所示。

3. 环型

网络中的节点计算机连成环状就成为环型网络。环路上，信息单向从一个节点传送到另一个节点，传送路径固定，没有路径选择问题。环型网络结构简单，适合传输信息量不大的场合。由于信息从源节点到目的节点都要经过环路中的每个节点，因此任何节点的故障均会导致环路不能正常工作，可靠性较差。如图 1－32（c）所示。

4. 树型

树型网络是分层结构，适用于分级管理和控制系统。与星型结构相比，树型网络通信线路长度较短，成本低、易推广，但结构比星型复杂。网络中，除叶节点及其连线外，任一节点或连线的故障均影响其所在支路网络的正常工作。如图 1－32（d）所示。

5. 网状型

网状型网络又称为不规则型，网络中各节点的连接没有一定的规则，一般当节点地理位置分散，而通信线路是设计中主要考虑的因素时，采用不规则网络。目前，实际存在的广域网大都采用这种结构。如图 1－32（e）所示。

二、总线型拓扑结构

总线型拓扑结构是从多机系统的总线互联结构演变而来的，如果它的拓扑结构采用单根传输线作为传输介质，那么称为单总线结构；还有采用多根传输线的多总线结构。局域网一般是单总线结构，整根电缆连接网络中所有的节点，所有的节点多通过相应的硬件接口直接连接到传输介质或总线上，如图 1－33 所示。

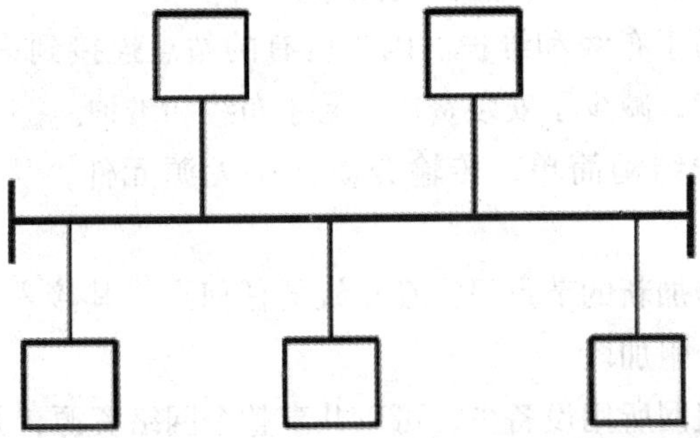

图 1－33　总线型拓扑结构

从图 1－33 可以看出，任何一个站点发送的信号都可以沿着介质传播而且能被其他所有站点接收。网络中所有站点通过总线实现相互通信，整个信道被所有站点共享，所以一次只能由一个设备传输。这就需要某种形式的访问控制策略来决定下一次哪一个站点可以发送，通常采取分布式控制策略，常用的有 CSMA/CD（Carrier Sense Multiple Access with Collision Detection，载波侦听多路访问/冲突检测协议）和令牌总线访问控制方式。

总线具有一定的负载能力，因此其长度也有限。如果需要增加总线的长度，可在网络中通过中继器等设备加上一个附加段，从而实现总线型拓扑结构的扩展，这样也增加了总线上连接的计算机数量，如图 1－34 所示。另外，在总线网络上的计算机发出的信号是从网络的一端传递到另一端，当信号传递到总线电缆的终端时会发生信号的反射。这种反射信号在网络中是有害的噪声，它反射回来后与其他计算机发出的信号互相干扰而导致信号无法为其他计算机所识别，影响了计算机信号的正常发送和接收，使网络无法使用。为防止这种现象产生，可在网络中采用相应设备来吸收这种干扰信号。

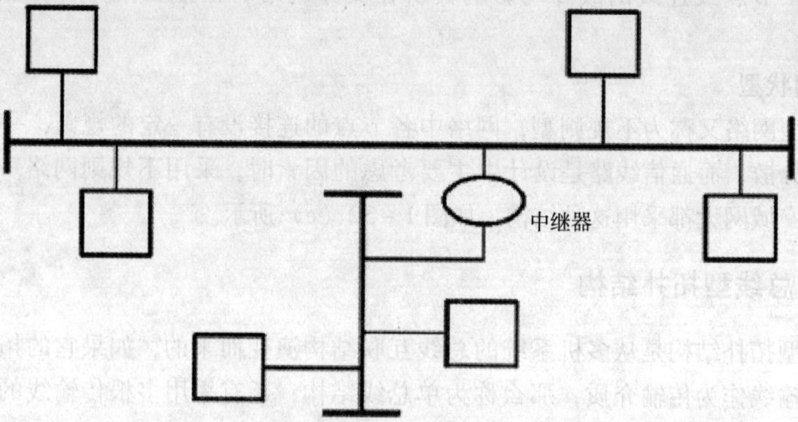

图 1－34　总线型拓扑结构的扩展

总线型拓扑结构主要有以下几方面优点。

①电缆长度短，易于布线和维护。因为所有的站点连接到一个公共数据通道，所以只需很短的电缆长度，减少了安装费用，易于布线和维护。

②可靠性高、总线结构简单，传输介质又是无源元件，从硬件的角度看，十分可靠。

③可扩充性强，增加新的节点只需在总线的任何点将其接入；如果需要增加长度，可通过中继器加上一个附加段。

④费用开支少、组网所用设备少，可以共享整个网络资源，并且便于广播式工作。

总线型拓扑结构主要有以下几方面缺点。

①故障诊断困难，因为总线型拓扑网不是集中控制的，所以一旦出现故障，故障的检测需在网上各个节点进行。

②故障隔离困难，在总线型拓扑结构中，如果故障发生在节点，则只需将该节点从总线上去掉即可；如果故障发生在传输介质，则故障的隔离比较困难，要切断整段总线。

③在扩展总线的干线长度时，需要重新配置中继器、剪裁电缆、调整终端器等；总线上的节点需要介质访问控制功能，这就增加了站点的硬件和软件费用。

④实时性不强，所有的计算机在同一条总线上，发送信息容易发生冲突，所以这种拓扑结构网络的实时性不强。

三、星型拓扑结构

星型拓扑结构由中央节点和通过点到点链路接到中央节点的各节点组成。星型拓扑有一个唯一的转发节点（中央节点），每一台计算机都通过单独的通信线路连接到中央节点，如图 1－35 所示。

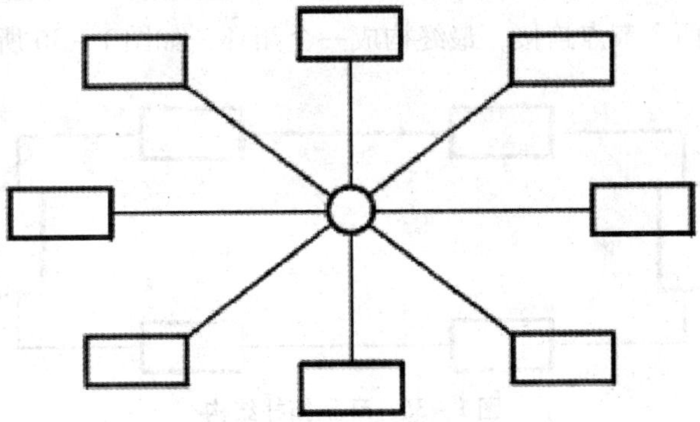

图 1－35 星型拓扑结构

星型拓扑结构网络的访问采用集中式控制策略，中央节点接收各个分散计算机的信息负担很大，而且还必须具有中继交换和数据处理能力，所以中央节点相对复杂，是星型网络的传输核心。采用星型拓扑的交换方式有电路交换和报文交换，尤以电路交换更为普遍。一旦建立了通道连接，可以没有延迟的在连通的两个站点传送数据。

星型拓扑结构广泛应用于网络中智能集中于中央节点的场合，目前在传统的数据通信中，这种拓扑结构还占支配地位。

星型拓扑结构主要有以下几方面优点。

①方便服务，利用中央节点可方便地提供服务和重新配置网络。

②在星型拓扑网络中，每个连接只接一个设备，连接点容易产生故障，但单个连接的故障只影响一个设备，不会影响全网。

③便于集中控制和故障诊断，由于每个节点直接连到中央节点，所以故障容易检测和隔离，可以方便地将有故障的节点从系统中删除。

④简单的访问协议，任何一个连接只涉及中央节点和一个节点，所以控制介质访问的方法很简单，从而访问协议也十分简单。

星型拓扑结构主要有以下几方面缺点。

①安装每个站点直接与中央节点相连，需要大量电缆，用于维护、安装等一系列费用较多。

②扩展困难，要增加新的节点，就要增加到中央节点的连接，这就需要在初始安装时放置大量冗余的电缆，配置更多的连接点；如果需要连接的节点很远，还要加长原来安装的电缆。

③依赖于中央节点，如果中央节点产生故障，则全网不能工作，所以对中央节点的可靠性和冗余度要求很高。另外，计算机之间是点对点的连接，所以不能有效地共享整个网络的数据。

四、环型拓扑结构

环型拓扑结构是由连接成封闭回路的网络节点组成的。在环型拓扑结构中，每个节点和与它相邻的两个节点连接，最终构成一个闭环，如图 1－36 所示。

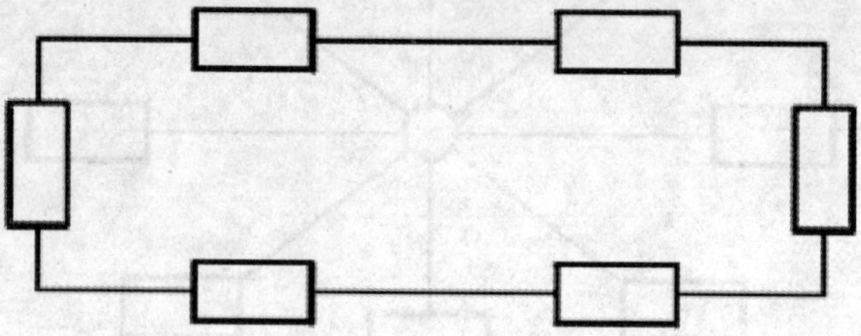

图 1－36　环型拓扑结构

环型拓扑结构常使用令牌环来决定哪个节点可以访问通信系统。任何节点要与其他节点通信，必须通过环路向着一个方向发送数据，其他节点接收数据并给出响应，继续传递数据，直到源节点。源节点收回数据，停止继续发送。为了决定环上哪个节点可以发送信息，平时在环上流通着一个称为令牌的特殊信息包，只有得到令牌的节点才可发送信息，当一个节点发送完信息后就把令牌向下传送，以便下游节点可以得到发送信息的机会。

环型拓扑结构一般采用分散式管理，在物理意义上它本身就是一个环，所以适合采用令牌环访问控制方法，有时也采用集中式管理，但这需要专门的设备来管理控制。当然，还有可以沿两个方向发送数据的环路（即是双环路），它提高了通信速度，但花费比较昂贵，控制也很复杂。

环型拓扑结构主要有以下几方面优点。

①电缆长度短，电缆长度与总线型网络相当，但比星型网络要短得多。

②适用于光纤，光纤传输速度快，没有电磁干扰，环型拓扑是单方向传输，适用于光纤传输介质。

③网络的实时性好，每两台计算机之间只有一条通道，所以在信息流动方向上，路径选择简化，运行速度高，而且可以避免不少冲突。

环型拓扑结构主要有以下几方面缺点。

①网络扩展配置困难，要扩充环的节点配置较困难，同样，要关掉一部分已接入网络的节点也不容易。

②节点故障会引起全网故障，在环上数据传输需要通过接在环上的每一个节点，如果环中某一节点出现故障则会引起全网故障。

③故障诊断困难，某个节点发生故障会引起整个网络的故障，出现故障时需要对每一个节点都进行检测。

④拓扑结构影响访问协议，环上每个节点接到数据后，要负责将它发送至环上，这意味着要同时考虑访问控制协议；节点发送数据前，必须事先知道传输介质对它是可用的。

五、其他类型拓扑结构

前面提到的三种网络拓扑结构是最基本的网络拓扑结构，将它们进行组合又可以演变出许多其他类型的结构，如星型总线型拓扑结构、树型拓扑结构、星型环型拓扑结构等。下面简要介绍常用的树型拓扑结构和星型环型拓扑结构，如图 1－37 及图 1－38所示。

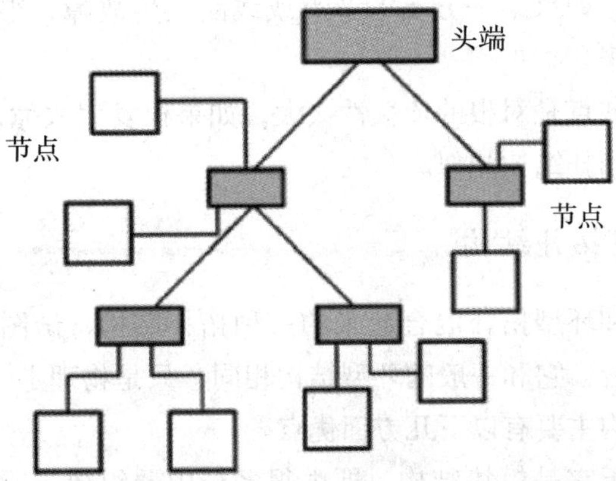

图 1－37 树型拓扑结构

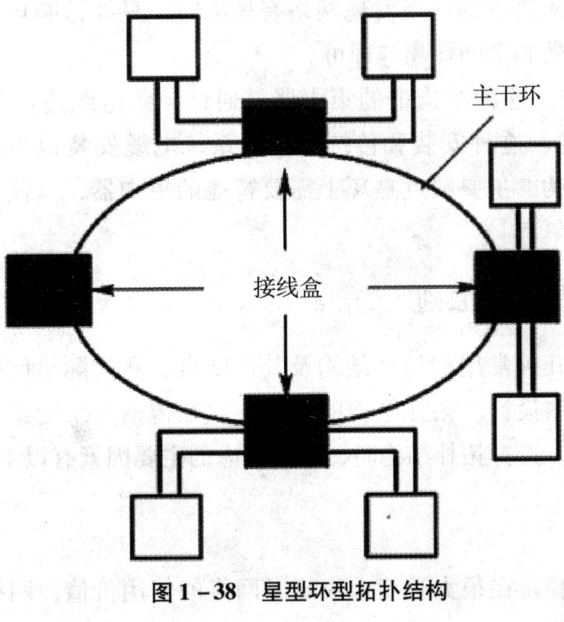

图 1－38 星型环型拓扑结构

（一）树型拓扑结构

树型拓扑结构属于一种分层结构，是从总线型拓扑结构演变来的，是在总线网络上加上分支形成的，每个分支还可延伸出子分支，它适用于分级管理和控制系统。这种拓扑结构和带有几个段的总线型拓扑结构的主要区别在于根的存在，树型拓扑结构的根部吸收计算机发送的信息信号，然后再重新广播到整个网络中。

树型拓扑结构的优缺点大多和总线型拓扑结构的优缺点相似，但也有一些特殊之处。

树型拓扑结构主要有以下几方面优点。

①易于扩展，从本质上看，这种结构可以延伸出很多分支和子分支，新的节点和新的分支易于加入网内。

②故障隔离方便，如果某一分支的节点或线路发生故障，很容易将出现故障的分支和整个系统隔离开来。

树型拓扑结构的缺点是对根的依赖性太大，如果根发生故障，全网不能正常工作，其可靠性问题和星型拓扑结构相似。

（二）星型环型拓扑结构

这是将星型拓扑和环型拓扑混合起来的一种拓扑结构，试图充分利用两种拓扑结构的优势。从电路上看，它和一般的环型结构相同，只是物理走线安排成星型连接。

星型环型拓扑结构主要有以下几方面优点。

①易于扩展。由于它是模块结构，即由很多集中器组成，所以要扩展网络，只需在环上加入新的集中点即可。

②故障的诊断和隔离方便。当发现网络有故障时，只要诊断环中哪一个集中器出现故障，再将该集中器和全网隔离开即可。

③安装电缆方便。这种结构中的集中器是通过一条电缆连接的，安装时不会有电缆管道拥挤的问题。这种安装和传统的电话系统电缆安装很相似。

星型环型拓扑结构的主要缺点是环上需要智能的集中器，以便实现网络的故障自动诊断和故障节点的隔离。

六、拓扑结构的选择原则

上面简要分析了几种常用的拓扑结构及其优缺点，在实际组网过程中，要综合考虑各种因素来优化网络设计。拓扑结构的选择往往和传输介质的选择、介质访问控制方法的确定紧密相关。选择拓扑结构时，应该考虑的主要因素有以下几点。

（一）可靠性

网络的性能是否稳定在很大程度上决定了网络的使用价值，网络的系统可靠性又决定了将来网络出现故障的概率和频率的大小。拓扑结构的选择应使故障检测和故障隔离较为方便。

（二）扩充性

网络的可扩充性是与网络的拓扑结构直接相关的。由于网络技术的飞速发展，网络的规模和服务质量要求可对原来的网络进行调整或扩充。

（三）费用高低

由于网络拓扑结构的选择涉及网络传输介质和网络连接设备的选择，所以需要考虑组网的费用高低。

思考与练习

一、单项选择题

1. 以下不属于计算机的是（　　）。

A. 平板电脑　　B. 台式计算机　　C. 计算器　　D. 手表

2. 电脑的核心部件有（　　）个。

A. 1　　B. 2　　C. 3　　D. 4

3. 计算机的组装主要指（　　）。

A. 主机的组装　　B. 外部设备的组装

C. 显示器的连接　　D. 以上答案均正确

二、简答题

1. 计算机的核心部件有哪些?

2. 设置路由器的时候需要输入什么地址登录?

三、论述题

1. 计算机安装的主要步骤有哪些?

2. 论述显卡对计算机的影响。

四、操作题

同时为三台计算机连接路由器。

第二章　局域网技术

学习目标

知识目标

1. 了解计算机局域网的基本知识。
2. 了解以太网的类型及特点。
3. 了解交换机的基本原理和主要性能指标。
4. 了解交换机的工作模式和连接方式。
5. 了解综合布线系统的结构。
6. 掌握网络方案设计的步骤。

能力目标

1. 能够正确配置常用的网络协议。
2. 能运用所学知识进行综合布线系统的管理。
3. 能独立完成网络方案的设计。

任务概述

本章包含以下五个学习小节。

第一节　计算机局域网协议

第二节　以太网（Ethernet）

第三节　以太网交换机

第四节　综合布线系统

第五节　网络方案设计

通过本章的学习，使学生能够了解局域网的相关知识及局域网在电子商务中的应用。

第一节　计算机局域网协议

随着计算机和互联网的应用和普及，电子商务越来越被企业重视。而局域网在电商企业中的应用，让企业办公实现现代化、信息化。那么什么是局域网呢？

一、局域网的概念及作用

（一）局域网的概念

局域网是指局部小范围的网络，即在某一区域内由多台计算机互联组成的小范围网络环境，简单的理解就是多台计算机相连实现信息的互通。相比互联网，局域网的联网范围、信息的交换量相对较小，但是两者之间并没有本质的区别，互联网可以理解成一个将全世界计算机相连的局域网，而局域网也可以理解成一个区域内封闭的互联网，如图 2－1 所示，三台电脑通过连接只要能够实现信息的互联即可被称作是一个局域网。

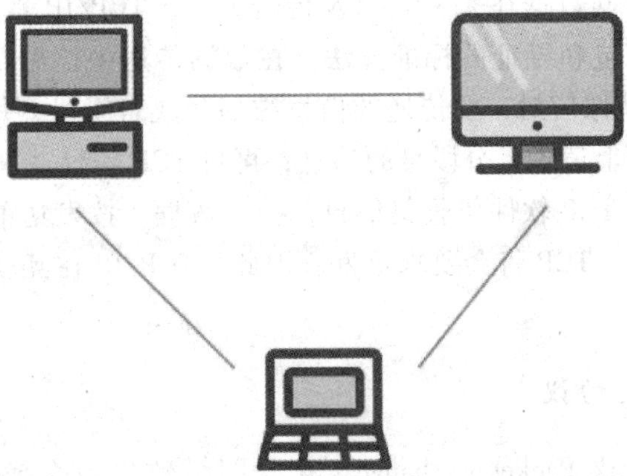

图 2－1　三台电脑连接示意

（二）局域网的作用

局域网在生活中的应用非常广泛，通过局域网的搭建可以实现局部范围内的信息传输、文件管理、设备管理以及智能互联四个方面的功能，这四方面的功能可以大大提高企业内部信息交流的效率，并且在一定程度上降低信息沟通的成本，如今 QQ（即时聊天软件）、微信等社交工具已经成为人与人之间重要的信息沟通工具，但这些社交工具需要借助互联网，因而会受到网络速度、网络安全、网络费用等因素的影响。局域网则是针对企业内部管理搭建起来的网络环境，因此不受外部影响。例如，某女装淘宝店新款上架后，新款服装图片从某一台电脑上传到共享网盘中，局域网内的其他同事也可以在各自电脑中打开浏览相关图片，第一时间了解店铺新款。局域网的作用就是共享资源，共同访问内部平台。

二、局域网的组建

局域网的组建是一个将多台计算机、服务器、打印机、扫描仪等设备连接并能实现信息沟通的过程，在整个过程中除了需要线材、接口等硬件设备外更需要一种可以让这些设备彼此相连的“语言”，这种语言就是人们常说的“网络协议”。

局域网协议是在组建局域网时使用的网络协议，因此认识局域网协议就是认识网络协议。网络协议是为计算机之间数据交换所制定的规则，简单的理解就是计算机与计算机之间沟通交流的语言，如果计算机与计算机之间所使用的网络协议不同，则无法实现计算机之间数据的联通。

网络协议是为网络连接服务的，是为了能够更好地实现不同设备之间的数据交换，常见的网络协议有 TCP/IP 协议、IPX/SPX 协议及 NetBEUI 协议。

（一）TCP/IP 协议

TCP/IP 是一种网络通信协议，它规范了网络上的所有通信设备，尤其是一台主机与另一台主机之间的数据往来格式以及传送方式。TCP/IP 是互联网的基础协议，也是一种电脑数据打包和寻址的标准方法。在数据传送中，可以形象地理解为有两个信封，TCP 和 IP 就像信封，要传递的信息被划分成若干段，每一段塞入一个 TCP 信封，并在该信封面上记录有分段号的信息，再将 TCP 信封塞入 IP 大信封，发送上网。在接收端，一个 TCP 软件包收集信封，抽出数据，按发送前的顺序还原，并加以校验，若发现差错，TCP 将会要求重发。因此，TCP/IP 在互联网中几乎可以无差错地传送数据。

（二）IPX/SPX 协议

IPX（Internet Work Packet Exchange，互联网络数据包交换）/SPX（Sequenced Packet Exchange Protocol，序列分组交换协议）是用于局域网的一种高速协议。它和 TCP/IP 的一个显著不同就是它不使用 IP 地址，而是使用网卡的物理地址。在实际使用中，它基本不需要什么设置，装上就可以使用。由于其在网络普及初期发挥了巨大的作用，所以得到了很多厂商的支持。

（三）NetBEUI 协议

NetBEUI 是一种短小精悍、通信效率高的广播型协议，安装后不需要进行设置，特别适合于在“网络邻居”传送数据。所以建议除了 TCP/IP 协议之外，局域网的计算机也应该安装 NetBEUI 协议。

第二节　以太网（Ethernet）

局域网是一个小范围的封闭网络环境，企业通过组建局域网，可以提升企业内部信息的交流效率，降低信息传递成本，因而组建局域网对企业内部信息管理有很大的帮助，但局域网组建的形式多种多样，时下较为常见的以太网是效率较高且应用较广的一种局域网。那么什么是以太网？它都具有哪些优势？

一、以太网的概念及分类

以太网是如今较为常用的一种网络技术规范，该规范定义了在局域网组建过程中所采用的电缆类型以及信号处理方法。以太网在互联设备之间以 10 ~ 100Mbps 的速率传送信息，以太网由于其低成本、高可靠性以及最低 10Mbps 的速率而成为应用较为广泛的局域网技术。

以太网往往是按照网络传输速度进行分类的，分为标准以太网、快速以太网、千兆以太网和万兆以太网四类。

（一）标准以太网

数据速率为 10Mbps 的以太网被称作标准以太网，之所以以 10Mbps 作为以太网的标准速率，主要是因为在以太网创建初期，其只有 10Mbps 的信息吞吐量，而随着技术的发展，以太网的速度不断提升，最后人们仍将数据速率为 10Mbps 的以太网作为标准以太网。

（二）快速以太网

数据速率为 100Mbps 的以太网被称作快速以太网，随着网络的发展，传统标准的以太网技术已难以满足日益增长的网络数据流量速度需求，以太网集线器的出现提升了以太网的数据速率，从而解决了这样的问题。

知识链接

集线器

集线器是用来集中所有局域网内网络设备（电脑和其他集线器等），并且将网络带宽平均分给各个网络的设备。

（三）千兆以太网

千兆以太网，即数据速率为 1000Mbps 的以太网，千兆以太网凭借高速、高效的特点，被广泛地应用在金融、商业、政府机关等领域。

（四）万兆以太网

万兆以太网是目前传输速率最快的以太网，不仅可以兼容万兆的传输速率，也能兼容低速的传输速率。

二、常用的以太网

对于多数中小企业而言，标准以太网是应用较为普遍的一种以太网，标准以太网因其传输介质的不同，主要包含以下三种类型。

（一）10Base2 网络

10Base2 网络采用总线型拓扑结构。在这种网络中，各个站点通过总线连接成网络。总线使用 RG58A/U 型同轴电缆，这是一种较细的电缆，所以又称它为细缆网络和廉价网络。之所以称它为 10Base2，是由于其采用基带传输，传输距离约为 100m 的两倍（实际距离为 185m）。

10Base2 网络两端必须用 50Ω 的端接器进行端接，同时一端必须接地。接地的一端需要使用接地端接器。接地端接器的外观与标准端接器的差别在于接地端接器必须有一小段悬线。

在 10Base2 网络中，各个站均用 BNC、T 型头与网络电缆相连接。T 型头中的垂直端口直接连接到计算机的网络接口卡上，另两个端口分别和总线连接。从总线中的 T 型连接器到网卡之间不允许使用短电缆。

10Base2 网络的物理连接要遵循 5—4—3 规则，即在网络中可以有 5 个网段（即网络的实际长度最大约为 925m），通过 4 个中继器连接，但只有 3 个网段可以连接计算机，另外两个网段的用途是将网络延伸至更远距离。10Base2 网络标准还规定一个网段最多可以连接 30 个节点（包括计算机、打印机和中继器）。

（二）10Base5 网络

10Base5 网络也采用总线型拓扑结构和基带传输，速率为 10Mb/s 的网段的长度为 100m 的 5 倍（即 500m），这种网络也称为标准以太网。10Base5 网络并不是将节点直接连接到网络电缆上，而是使用短电缆从节点连接到公用电缆。这些短电缆称为附加装置接口（AUI）电缆或收发电缆。短电缆通过一个线路分接头（AUI 或 DIX）与网络电缆相连接。当符合 10Base5 的网络标准时，该分接头称为介质附加装置或收发器。

10Base5 网络采用的总线电缆为 RG－8 或 RG－11 型电缆，这是一种较粗的同轴电缆，它能更好地抵御电磁干扰，防止信号衰减。电缆在每个网段的两端都必须用 50Ω 的端接器进行端接，同时一端必须接地。10Base5 网络的物理连接也要遵循 5—4—3 规则。

在早期的网络设计中，较大的以太网往往将细缆和粗缆网络混合使用，粗缆用于网络的干线，粗缆的收发器接到干线电缆上，收发器的 AUI 和 DIX 接头接入中继器中，细缆分支通过中继器把计算机接入网络。

（三）10BaseT 网络

1991 年下半年，IEEE802.3 标准中增加了 10BaseT 网络类型。这种网络不采用总线型拓扑结构而是采用星型拓扑结构。10BaseT 也采用基带传输，速率为 10Mb/s，T 表示使用双绞线作为传输介质。

10BaseT 可使用屏蔽双绞线（STP）或非屏蔽双绞线（UTP）的电缆作为传输介质。UTP 电缆价格低廉并且施工操作非常容易，与同轴电缆相比，UTP 比较细，更容易切割和弯曲。10BaseT 网络采用星型拓扑结构，各节点都连接到一个中心集线器（Hub）上，双绞线和集线器及计算机的网卡之间使用 RJ45 接头连接。如果集线器与某个节点之间断开，整个网络不会停止运转，而在 10Base2 与 10Base5 网络中，两个节点之间的电缆一旦中断，整段的信息传输也将中断，如果 10BaseT 网络的集线器发生故障，整个网络就会瘫痪。

一般的集线器上都带有 BNC 接头，通过细同轴电缆，可以将多个集线器连接起来，从而扩大网络规模，并且也便于安装和维护。

知识链接

BNC 接头

BNC 接头是监控工程中用于摄像设备输出时导线和摄像机的连接，有别于普通 15 针 D－SUB 标准接头的特殊显示器接口，由 RGB 三原色信号及行同步、场同步五个独立信号接头组成。

第三节 以太网交换机

交换机是用来连接计算机的数据传输设备，局域网的组建离不开交换机，因此交换机的选择对于局域网的组建至关重要。以太网是如今使用较为广泛的一种局域网，这就使得以太网交换机成为当下较常见的交换机，因此学习以太网交换机的有关知识非常重要。

一、交换机的工作原理

（一）交换机的概念

交换机是按照通信两端传输信息的需要，用人工或设备自动完成的方法，把要传输的信息送到符合要求的相应路由器上的技术的统称。简单的理解，交换机就是一个数据的交换站，进入交换机的数据会按照一定要求，将数据分配给其他接收数据的计算机，实现多台计算机的联网，图 2－2 是较为常见的以太网交换机。

图 2－2　常见的以太网交换机

（二）以太网交换机的原理

以太网交换机与普通的交换机不同，它拥有一条带宽较高的背部总线和内部交换矩阵，交换机的所有端口都挂接在这条背部总线上。在交换机的存储器中存放着一个端口号和以太网地址对照表，当交换机控制电路收到数据包以后，交换机处理器查找存储器中的地址对照表以确定具有目的 MAC 地址的 NIC（网卡）连接在哪个端口上，然后通过内部交换矩阵迅速将数据包传送到目的地端口。当目的地 MAC 地址不存在时，交换机将数据包广播到所有端口，接收端口回应后，交换机将把新的地址添加到地址对照表中。我们称交换机的这种功能为 MAC 地址学习和识别。

知识链接

MAC 地址

MAC（Media Access Control 或者 Medium Access Control）地址，译为媒体访问控制协议，或称为物理地址、硬件地址，用来定义网络设备的位置。在 OSI 模型中，第三层网络层负责 IP 地址，第二层数据链路层则负责 MAC 地址。因此一个主机会有一个 MAC 地址，而每个网络位置都会有一个专属于它的 IP 地址。

交换机是基于 MAC 地址识别且能完成封装转发数据包功能的网络设备，它在 OSI 参考模型的数据链路层工作，具有 OSI 参考模型中物理层和数据链路层的功能，因此它可以有效地将一个物理网络划分成若干个网段，并能够在不同网段之间转发数据包，从而实现网络中子网的划分与隔离，起到原来网桥所起的作用，同时由于交换机通常具有两个以上的端口来支持多个独立的数据流，因此交换机能够比网桥提供更高的信息吞吐量。

知识链接

OSI 参考模型

OSI（Open System Interconnection），即开放式系统互联。一般都叫 OSI 参考模型，

是ISO（国际标准化组织）在1985年推出的网络互联模型。该体系结构标准定义了网络互联的七层框架（物理层、数据链路层、网络层、传输层、会话层、表示层和应用层），即OSI开放系统互联参考模型。在这一框架下进一步详细规定了每一层的功能，以实现开放系统环境中的互联性、互操作性和应用的可移植性。

二、以太网交换机的主要性能指标

为了更好地了解以太网交换机，我们需要掌握以太网交换机的性能指标。以太网交换机主要的性能指标有端口、背板带宽、支持的MAC地址数量、最大可堆叠数、缓冲区大小、最大电源数、支持第三层交换、支持VLAN、网管、支持带宽分配10个重要的指标。

（一）以太网交换机的端口

端口是交换机连接网络传输介质的接口部分。目前以太网交换机的端口大多数为RJ45端口。一般交换机RJ45端口的数量为8的倍数，如8口交换机、16口交换机、24口交换机、48口交换机等。

目前以太网交换机的端口带宽有10Mb/s、10/100Mb/s自适应、10/100/1000Mb/s自适应几种。自适应是指端口能够自动检测连接网络的带宽，如果是10Mb/s的设备，就自动将传输速率调整到10Mb/s，如果是100Mb/s的设备，就自动将传输速率调整到100Mb/s。当然，这种调整不能超过它的最高传输速率。

（二）以太网交换机的背板带宽

交换机实际上类似于一台用途特殊的计算机，内部也有CPU、内存和主板。背板带宽也称背板吞吐量，类似于计算机主板上的总线，是交换机接口处理器或接口卡和数据总线间所能吞吐的最大数据量。显然，一台交换机的背板带宽越高，交换数据的能力就越强。

如一台背板带宽为2.4Gb/s的24口交换机，每个端口平均分配的带宽为100Mb/s。对于较大规模的局域网来说，网络的主干交换机对背板带宽的要求比它下一级交换机的要高。

（三）支持的MAC地址数量

交换机能够记录连接在端口上的计算机网卡的MAC地址，即计算机的物理地址，交换机能够记录连接在端口上的计算机物理地址的数量，标志着它能够连接网络的规模。现在中、小型交换机能够支持2000个以上MAC地址。

（四）最大可堆叠数

可堆叠是指交换机可以通过堆叠模块，将两台或两台以上的交换机逻辑上合并成一台交换机，合并之后的每个端口带宽保持不变。比如 IntelExpress510 交换机，具备多达 7 台的堆叠能力，能将端口数量扩展到 196 个，其背板带宽也同步扩展。

对于一个不断扩展的网络来说，中心交换机必须要有可堆叠能力，才能满足不断增长的端口数量的需要。

（五）缓冲区大小

缓冲区是被交换机用来协调不同网络设备之间的速度匹配问题所设置的内存区域。突发数据可以存放在缓冲区内，直到被慢速设备处理为止。缓冲区大小要适度，过大的缓冲区会影响正常通信状态下数据包的转发速度，并增加设备成本，而过小的缓冲区在网络拥塞时又容易丢包出错。所以适当的缓冲区加上先进的缓冲调度算法是解决缓冲问题的合理办法。对于网络主干设备，需要注意，每个端口是否享有独立的缓冲空间，而且该缓冲空间的工作状态不会影响其他端口缓冲空间的状态；端口或模块是否设计有独立的输入/输出缓冲；是否具有配套的缓冲管理调度算法。

（六）最大电源数

核心设备一般都提供有冗余的电源供应，在一个电源失效后，其他电源仍可以工作，不影响设备的正常运转。在有多个电源时，要注意用多路式电供电。在一路线路失效时，其他线路仍可供电。

（七）支持第三层交换

所谓第三层交换，是在交换技术的基础上集成了路由技术，这样可以使交换机以线速转发数据包。一台第三层交换机就等同于一台高速局域网路由器，使用第三层交换机可有效地控制广播风暴、Spanning Tree 环路和 IP 地址限制。

（八）支持 VLAN

VLAN 技术将一个物理的局域网划分成逻辑上相互独立的若干个子网，每一个子网就是一个虚拟局域网，即 VLAN。一个 VLAN 是一个独立的广播域，可有效地防止广播风暴的发生。现在已经把一台交换机是否支持 VLAN 作为衡量其好坏的一个重要参数。802. 1Q 是 VLAN 标准，不同厂商的设备只要支持 802. 1Q 标准，就可以互联，可以进行 VLAN 的划分。在有第三层交换功能的基础上，VLAN 之间也可以通信。

知识链接

广播风暴

广播风暴（Broadcast Storm）简单地讲是指广播数据充斥网络无法处理，并占用大量网络带宽，导致正常业务不能运行，甚至彻底瘫痪，这就发生了“广播风暴”。一个数据帧或包被传输到本地网段（由广播域定义）上的每个节点就是广播；由于网络拓扑的设计和连接问题，或其他原因导致广播在网段内大量复制，传播数据帧，导致网络性能下降，甚至瘫痪，这就是广播风暴。

交换机能够支持 VLAN 的数量是有限的，但目前已有的交换机可以支持 1000 个以上的 VLAN 的划分，这足以满足一般网络的需要。

（九）网管

网管是指网络管理员通过网络管理程序对网络上的资源进行集中化管理的操作，包括配置管理和记账管理、问题管理、操作管理和变化管理等。一台设备所支持的管理程序反映了该设备的可管理性及可操作性。

（十）支持带宽分配

带宽分配是设备支持策略管理的一种方式。动态带宽分配可以明显节省带宽，而且不影响数据传输质量。

三、选择交换机的原则

交换机在局域网组建过程中有非常重要的作用，因此交换机的选择对于需要组建局域网的企业而言非常重要。一般而言，交换机的选择需要遵循适用性与先进性相结合的原则、市场主流产品的原则、安全可靠的原则、产品与服务相结合的原则四个原则。

（一）适用性与先进性相结合的原则

交换机价格较高，且不同品牌的产品差异极大，功能也不一样。因此，选择时不能只看品牌或只看价格高低，而应该根据应用的实际情况，选择性价比高，既能满足目前需要又能适应未来几年网络发展的交换机，以避免重复投资或超前投资。

（二）市场主流产品的原则

选择交换机时，应选择在国内市场上有相当份额，且具有高性能、高可靠性、高安全性、可扩展性、可维护性的交换机。

（三）安全可靠的原则

交换机的安全决定了网络系统的安全，在选择交换机时这一点非常重要，交换机的安全主要表现在 VLAN 的划分、交换机的过滤技术上。

（四）产品与服务相结合的原则

在选择交换机时，既要看产品的品牌又要看生产厂商和销售商是否有强大的技术支持、良好的售后服务，否则买回的交换机一旦出现故障，既没有技术支持，又没有产品服务，将使企业蒙受损失。

第四节　综合布线系统

综合布线系统是智能化办公室建设数字化信息系统的基础设施，是将所有语音、数据等系统进行统一规划设计的结构化布线系统，为办公提供信息化、智能化的物质介质，支持将来语音、数据、图文、多媒体等综合应用。

一、概述

综合布线系统是指按标准的、统一的和简单的结构化方式编制和布置各种建筑物（或建筑群）内各种系统的通信线路，包括网络系统、电话系统、监控系统、电源系统和照明系统等，因此，综合布线系统是一种标准通用的信息传输系统。对于局域网的组建而言，通信线路主要指的是网络线路。

计算机网络布线系统有两种，即非结构化布线和结构化布线。非结构化布线适合于小规模的计算机网络设计，它考虑的因素单一，网络设计简单。当建设一个小规模的计算机网络时，只需要按照计算机网络中节点分布铺设专门的电缆即可。非结构化布线的优点是投资少、见效快，但是灵活性差，难以管理，当网络节点有所变动时，可能需要改动电缆的走向和电缆的长度等，甚至需要重新布线。

结构化综合布线系统是指一个楼或楼群中的通信传输网络，能连接声音、数据、图像等数据设备，并将它们与交换系统互联，是当今智能大厦在集成系统时的物理基础，是整个建筑中信息流和路由的通道。结构化综合布线系统不仅要解决数据、语音、图像等信息的传输线路问题，而且在设计时也要综合考虑中央计算机系统（CCS）、办公自动化系统（OAS）、楼内管理自控系统（BAS）、保安管理系统（SMS）、内部通信系统（ICS）、卫星（VSAT）及广播电视系统（CATV）等传输线路问题。只有通过综合布线的一体化连接，才能使通信技术、计算机技术、机电控制技术和资源管理高效地协调起来，使建筑物中的软、硬件设备发挥最大的功效。结构化布线系统具有良好的综合性、兼容性，适应性强，使用灵活，易于扩容，便于维护，具有科学性和经济实用性等特点。

结构化综合布线系统是各大子系统的基础，它不但提供传输介质，还可通过结构化综合布线系统来管理子系统，对其他子系统的构成进行任意调整和分配。图2-3显示了结构化综合布线系统在整个智能大厦中的地位。

随着因特网和信息高速公路的发展，各国的政府机关、大型集团公司也都在针对自己的楼宇特点进行综合布线，以适应新的需要。智能化大厦、智能化小区已成为新世纪的开发热点。理想的布线系统表现为支持语音应用、数据传输、影像影视功能，而且最终能支持综合型的应用。

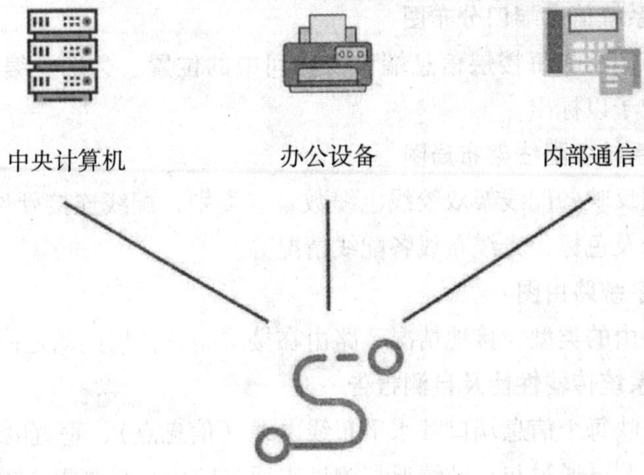

图 2－3 结构化综合布线系统的地位

二、综合布线系统的管理

综合布线是一个复杂的线路布置过程，因此需要对线路的布置进行管理，以便于日后线路的维修、改建等。综合布线系统的管理可以分为线路布置实施和综合布线系统文档的建立两个部分。

（一）线路布置实施

线路的布置实施是一个非常繁杂的过程，为了便于日后管理，在进行线路布置时应注意如下三点。

①不同区域的双绞线电缆配线架应根据不同用途标注不同的色标。色标必须清晰耐用且便于区分，整个系统的色标必须一致。

②光缆布线各配线架内光端口也必须编号。上下级配线架内相应端口的编号必须一致，光缆类别也应标明。

③当配线区位于楼层电信间时应对配线架和其他配线连接硬件采取防尘措施。

（二）综合布线系统文档的建立

综合布线系统的文档指的是竣工文档，包括综合布线系统图、信息端口分布图、各配线架布局图、路由图、传输性能及自测报告等。

1. 综合布线系统图

综合布线系统图反映整个布线系统的基本情况，如光缆的数量、类别、路由、每根光缆的芯数；垂直双绞线电缆的数量、类别、路由；每楼层水平双绞线电缆的数量、类别、信息端口数；各配线架在建筑中的楼层位置、连接硬件的数量、类别；系统的接地位置和每楼层配线间的接地位置。

2. 综合布线系统信息端口分布图

信息端口分布图反映每楼层信息端口在房间中的位置、类别及编号。不能使用的信息端口位置也应予以标出。

3. 综合布线系统各配线架布局图

配架线布局图反映各配线架双绞线电缆数量、类别，配线连接硬件的数量、类别，进出线位置、编号及色标，光缆布线各配线情况等。

4. 综合布线系统路由图

路由图反映路由的类型、接地情况，路由在楼层间、楼层内的走向及其占用情况。

5. 综合布线系统传输性能及自测报告

自测报告应反映每个信息端口其水平布线电缆（信息点）、垂直电缆的每一对及光缆布线的每芯光纤测试通过与否的情况。测试未通过的应在自测报告中注明。

第五节　网络方案设计

网络设计不仅指建立网络，也包括补充新的节点或扩充网段，还包括对现存网络进行定期优化。在利用计算机和通信资源来组成大型网络时，适当的设备和线路的组合，可以利用图论中的拓扑学以及排队论等数学工具来计算网络流量、延迟分析，接近最优设计目标。然而，一个大型网络的设计过程不仅要利用合适的数学知识和设计工具，还需用系统的方法来进行这项复杂的任务。总之，网络设计是一个复杂的分析、模块化以及集成的过程。

网络设计一般需要进行需求分析、网络设计与规划、技术方案的评审三个部分。

一、需求分析

全面综合的网络分析是非常复杂的，要同时考虑现状和需求、网络拓扑、信号输入、通信线路、设备种类、通信协议、排队、阻塞、可靠性、响应时间和吞吐量等。以下几种方法可以用来确定用户需求。

（一）根据经验确定不同用户群体的需求

同一种类型的部门或用户会有相同的或固定的基本需求，例如，大专院校一般都要求能够支持在线图书资料阅览；而企业网络，一般都要求支持电子商务等。这样，网络设计人员可以根据自己的经验以及不同的部门和用户群体的具体要求，将他们所需求的基本功能设计到网络组建方案中。网络设计人员的经验不仅可以提高网络设计的质量，还可以缩短网络设计的时间，大大提高网络设计的效率。

（二）调查研究用户需求

要完成一个网络设计，仅靠经验建立起来的总体需求方案是不够的，因为每个用户的需求都有其特殊性。一些用户可能希望连通服务器，另一些用户可能需要连通到某些特殊的资源，还有些用户可能希望根据一些外部标准来管理计算机信息系统，此时，就需要具体情况具体分析。获得信息的一般方法就是向关键用户群询问对网络的具体要求，并经过反复交流和征求意见，最终获得用户关于某些特定应用和网络结构可靠的、全面的意见和资料。

另外，还要考虑其他几个方面的问题，如地理环境、现有通信设施及状况、计算机设备及其应用情况、通信量的估算、网络应用（办公自动化系统、MIS 系统等）对网络提出的要求、成本/效益分析、风险预测等。

知识链接

MIS 系统

MIS（Management Information System，管理信息系统）系统，主要指的是进行日常事务操作的系统。这是一套主要用于管理需要的记录，并对记录数据进行相关处理，将处理的信息及时反映给管理者的网络管理系统。

二、网络设计与规划

当系统分析员清楚了一个网络系统的需求以及现有情况之后，便可以开始进行网络结构设计。网络结构设计伴随着网络布线系统的设计、网络产品的选型和系统集成方案的确定。这四项工作相互依赖，可以按照下面的顺序依次进行。

（一）网络布线系统

网络布线系统往往根据地理环境和用户分布情况进行，设计的目标是使电缆长度最短、施工容易、使用方便。采用结构化布线以后，一种网络布线系统可以适应多种计算机结构。

（二）网络结构设计

网络设计的核心工作包括网络协议选择、网络互联模型设计、远程联网设计等。

（三）网络产品选型

根据设计的网络结构，选择符合要求的网络产品是一项烦琐的工作，包括网络厂商调查、网络产品性能调查、招标技术准备、技术谈判和商务谈判等。

（四）系统集成

从广义上讲，系统集成包括人员的集成、组织机构的集成、设备的集成、系统软件的集成、应用软件的集成和管理方法的集成等多方面的工作。从狭义上讲，系统集成就是系统平台的集成。所谓“系统平台”就是应用系统的开发环境和运行环境。当开发一个管理信息系统、金融电子系统、办公自动化系统、控制管理系统等应用系统时，需要一定的硬件设备，并且需要将这些硬件设备连接在一起的网络硬件和软件，需要操作系统和数据库管理系统，需要开发工具。在处理系统中，系统的各个部件和成分都包含着一定的网络硬件或软件，可以说，系统平台集成的关键技术就是计算机网络技术。

三、技术方案的评审

技术方案的评审要考虑系统分析员所提出的技术方案的合理性、先进性、风险性、可扩充性和可维护性。具体地说，要在下述多个方面对技术方案进行探讨。

①从计算机网络的原理上看，方案是否合理。

②通信带宽的分配是否合理。

③网络是否支持所要求的最大计算机数量，在这种情况下，通信的速度和用户响应是否会大幅度下降（减少）。

④网络达到最大规模时是否会出现“网络风暴”和其他不稳定现象。

⑤网络是否便于管理和维护。

⑥所采用的网络设备在技术上是否成熟，配套的软件能否获取。

⑦网络是否能够多协议运行，所有应用软件上网后能否正常运行。

⑧是否有足够的网络安全措施。

⑨远程联网的方法手段是否现实。

⑩技术方案升级是否容易，新的网络产品出现后，是否容易采纳新技术。

思考与练习

一、单项选择题

1. 局域网指在（　　）由（　　）计算机互联组成的网络环境。

A. 局部小范围；两台　　B. 局部小范围；多台

C. 大范围；两台　　D. 大范围；多台

2. 快速以太网的数据传输速率达到了（　　）。

A. 10Mb/s　　B. 100Mb/s　　C. 1000Mb/s　　D. 10Gb/s

3. 局域网可以实现（　　）方面的功能。

A. 信息传输　　B. 文件管理

C. 设备管理　　D. 以上答案均正确

4. 常被用于局域网的网络协议是（　　）。

A. IPX/SPX 协议　　B. TCP/IP 协议

C. NetBEUI 协议　　D. 以上答案均正确

5．下面有关以太网说法正确的是（　　）。

A．以太网是因特网

B．以太网是互联网

C．以太网是一种网络技术规范

D．以太网就是局域网

二、简答题

1．通常情况下，以太网是按照什么进行分类的，分为几类？

2．简述交换机的概念。

三、论述题

1．常见的以太网有哪几种？阐述各种以太网的特点。

2．网络设计是一个复杂的分析、模块化以及集成的过程，一般需要哪几个步骤？

四、操作题

在网络的硬件连接好之后，配置 Windows 下的名字访问协议，即 NetBEUI 协议，并能够实现两台计算机之间的互相访问。

第三章　Internet 与网络互联技术

学习目标

知识目标

1. 了解 Internet 网络结构。
2. 熟悉 TCP/IP 协议。
3. 了解 IP、UDP、ARP 等常用协议的相关概念。
4. 理解网络互联的基本概念。
5. 熟悉静态路由协议的相关概念。
6. 了解 RIP、OSPF、BGP 协议的工作原理。
7. 熟悉域名系统 DNS。
8. 熟悉 Telnet、FTP 及 WWW 协议报文格式及通信过程。

能力目标

1. 掌握 IP 编址技术。
2. 掌握路由器的基本配置方法。
3. 能够进行 DNS 服务器配置。
4. 能够进行 DHCP 服务器配置。
5. 能够在服务器上安装并配置代理服务器。

任务概述

本章包含以下四个学习小节。

第一节　Internet 基础

第二节　常用协议分析与实例研究

第三节　IP 路由与网络互联

第四节　Internet 的应用与管理

本章主要介绍了 TCP/IP 协议及网络互联技术，详解了数据传递的整个流程，使学生对 Internet 的基本技术和常用协议有深入了解，理解并掌握 Internet 与网络互联技术。

第一节　Internet 基础

在英语中“Inter”的含义是“交互的”，“net”是指“网络”。简单地讲，Internet 是一个计算机交互网络，中文正式译名为因特网，又叫作国际互联网。它是一个全球性的、巨大的计算机网络体系，把全球数万个计算机网络、数亿台主机连接起来，包含了难以计数的信息资源，向全世界提供信息服务。Internet 是在美国早期的军用计算机网阿帕网（Advanced Research Project Agency Network，ARPANET）的基础上经过不断发展变化而形成的。它的出现是世界由工业化走向信息化的象征。

一、Internet 的网络结构

图 3－1 是现实中 Internet 的一个简化结构图。首先我们需要明白互联网的实现是需要分层级的，每一个层级结构的出现都是为了完成一种功能，而为了实现这些功能，就需要大家都遵守共同的规则，这个规则就叫作“协议”，每一个结构层级都有若干个协议，它们共同构成了互联网协议。一个数据的传递需要通过不同的层级结构并通过协议的判定，最终实现数据的传递，如主机 A 要同主机 B 通信，首先是主机 A 将数据包送往路由器 A，再由路由器 B 到达主机 B。

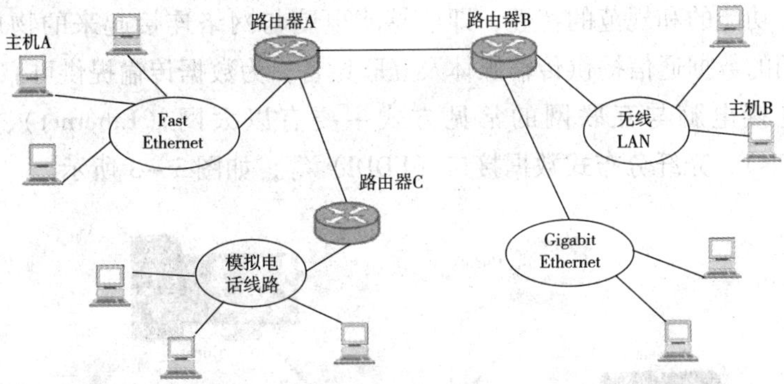

图 3－1　Internet 网络结构简化图

二、TCP/IP 参考模型

在互联网层级结构模型中，有两个模型的划分是我们最常见到的，一个是 OSI（Open System Interconnection，开放式通信系统互联参考模型）七层划分，另一个是 TCP/IP 五层划分，它们分别将互联网分成了七层和五层，OSI 和 TCP/IP 模型是很基础但又非常重要的网络基础知识。由于 Internet 在世界范围内迅速发展，因此它所使用的 TCP/IP 体系在计算机网络领域中占有非常重要的地位，这里将以 TCP/IP 参考模型为基础进行讲解。

TCP/IP 参考模型共有五个层次，由上到下分别是应用层、传输层、网络层、数据链路层和物理层，越下面的层次越靠近硬件，越上面的层次越靠近用户，如图 3 - 2 所示。

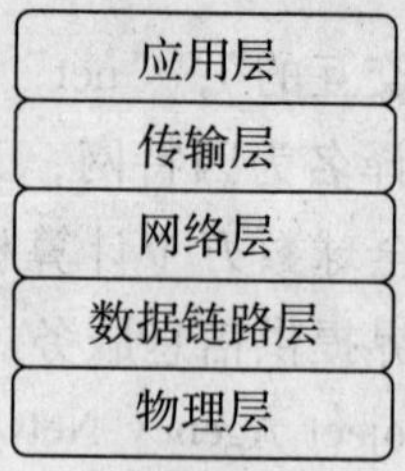

图 3 - 2　TCP/IP 参考模型

接下来，我们将会以 TCP/IP 参考模型为基础，讲解一个数据从图 3 - 1 所示的主机 A 传达到主机 B 所要经过的层级结构以及各个层级结构的功能、常见方式以及所包含的协议。

（一）物理层

主机 A 要传输数据，要利用计算机先将数据输入至网络，首先需要将计算机与网络相连接，这就是物理层的功能。

物理层规定：为传输数据所需要的物理链路创建、维持、拆除，而提供具有机械的、电子的、功能的和规范的特性，即能够将电脑与网络连接起来的物理手段。物理层为设备之间的数据通信提供传输媒体及互联设备，为数据传输提供可靠的环境。

物理层连接电脑与互联网的常见方式主要有以太网（Ethernet）、无线局域网（Wireless LANs）、光纤分布式数据接口（FDDI）等，如图 3 - 3 所示。

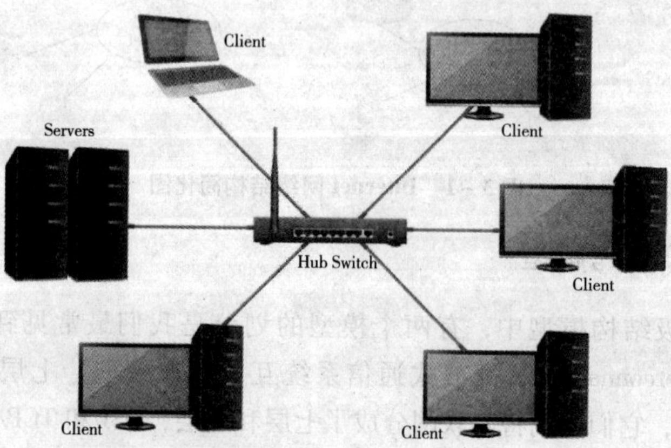

图 3 - 3　物理层示意图

在物理层的常见设备有计算机、光纤、平衡电缆、无线信道以及各种插头、插座等。物理层的主要功能就是将计算机与网络连接起来，并不牵扯数据的识别纠错。

（二）数据链路层

1. 数据链路层

数据链路层介于物理层与网络层之间，在物理层提供的服务基础上向网络层提供服务，其最基本的服务是将源自网络层的数据可靠地传输到相邻节点的目标网络层。

在两个网络实体之间提供数据链路连接的创建、维持和释放管理，构成数据链路数据单元（Frame：数据帧或帧），并对帧定界、同步、收发顺序的控制就是数据链路层的主要功能。

2. 以太网协议与 MAC 地址

数据链路层会通过一些规程或协议来控制这些数据的传输，以保证被传输数据的正确性，如以太网协议。以太网规定，一组电信号构成一个数据包，叫作“帧”。每一帧分成标头（Head）和数据（Data）两个部分，如图 3 – 4 所示。

图 3 – 4　“帧”的结构图

标头包含数据包的一些说明项，如发送者、接收者、数据类型等；数据则是数据包的具体内容。标头的长度固定为 18 字节。数据的长度最短为 46 字节，最长为 1500 字节。因此，整个帧最短为 64 字节，最长为 1518 字节。如果数据很长，就必须分割成多个帧进行发送。

知识链接

字　节

字节（Byte /bait/ n. [C]）是计算机信息技术用于计量存储容量的一种计量单位，通常情况下 1 字节有 8 位，也表示一些计算机编程语言中的数据类型和语言字符。

在物理层我们了解到，物理层将计算机与网络连接起来，通常将一条网线的一端插入路由器，另一端插入计算机中形成连接，网线连接到计算机上实际是连接至计算机中的网卡上，每一个数据包中标头所包含的发送者信息、接收者信息、数据类型信息等都是由网卡来规定的，网卡如图 3 – 5 所示。

网卡的地址，即数据包的发送地址和接收地址，叫作 MAC 地址。MAC 地址就是发送者或者接收者的信息，通过每台电脑独一无二的地址，计算机就能通过一些方式找到另一台电脑。每块网卡出厂的时候都有一个独一无二的 MAC 地址，长度是 48 个二进制位，通常用 12 个十六进制数表示。有了 MAC 地址，就可以定位网卡和数据包的

图 3－5　网卡

路径。

3. 广播、IP 协议与 ARP 协议

（1）广播

以太网采用了一种“广撒网”的方式，发送者将数据包发送给本网络内所有的计算机，然后由接收到数据包的计算机来判断自己是不是接收方。

如图 3－6 所示，A 主机是发送方，B 端某一台计算机是接收方，数据包会发送给同一个子网络的所有 B 主机，然后由 B 主机根据数据包的标头来判断自己是不是接收方，是就接收这个数据包，不是则丢弃，这种发送数据的方式就是广播。

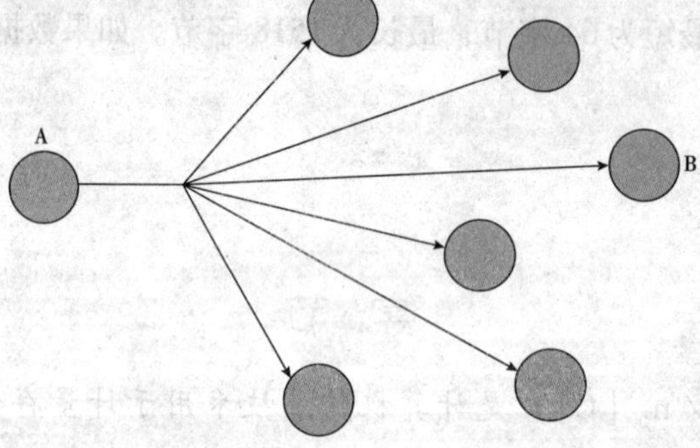

图 3－6　广播

综上，有了对数据包的定义，网卡的 MAC 地址（Media Access Control 或者 Medium Access Control），广播的发送方式，数据链路层大体完整，同个子网络下的不同计算机之间就可以传送数据了。

（2）IP 协议

在讨论 TCP/IP 时，IP 地址是重要概念之一。IP 地址是分配给网络上每一台主机的唯一的数字标识，它使得位于不同网络中的主机能够相互通信。

IP 地址由 32 比特组成，为了表示方便，将它划分为四段，每段 1 个字节长。可使用以下三种方法表示：

点分十进制：172. 16. 30. 56。

二进制：10101100.00010000.00011110.00111000。

十六进制：AC.10.1E.38。

上面三种方法表示的是同样的IP地址，第一种方法称为点分十进制记法，它将每个字节用等效的十进制来表示，使用起来比较方便。

IP地址分为两个部分：一部分代表网络号，标识某个网络；另一部分代表在该网络上的主机号，标识该网络上的某台主机。如IP地址172.16.30.56，172.16代表网络号，也称为网络地址（Network Address）；30.56代表主机号，也称为结点地址（Node Address）。因此根据IP地址中网络号部分和主机号部分所占字节的不同，可以将IP地址分为五类，即A类到E类，如图3-7所示。

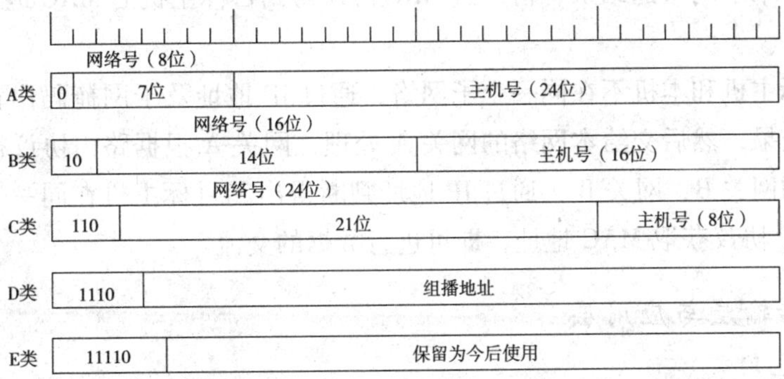

图3-7 IP地址的五种类型

A类地址的网络号为1个字节，并且网络号的第一个比特为0，就是说A类地址的首字节的取值范围是0~127。

B类地址的网络号为2个字节，并且网络号的前两个比特为10，也就是说B类地址的首字节的取值范围是128~191。

C类地址的网络号为3个字节，并且网络号的前三个比特为110，也就是说C类地址的首字节的取值范围是192~223。

D类地址为组播地址，E类地址保留作为科学研究使用。

（3）ARP协议

地址解析协议，即ARP（Address Resolution Protocol），是根据IP地址获取物理地址（即MAC地址）的一个TCP/IP协议。主机发送信息时将包含目标IP地址的ARP请求广播到网络上的所有主机，并接收返回消息，以此确定目标的物理地址；收到返回消息后将该IP地址和物理地址存入本机ARP缓存中并保留一定时间，下次请求时直接查询ARP缓存以节约资源。

（三）网络层

网络层能够使两终端系统互联且决定最佳路径，并具有一定的拥塞控制和流量控制的能力。

通过物理层以及数据链路层的构建，我们可以在同一个子网络中实现数据的传递与交流，但互联网是由各种大大小小的子网络构成的，不同子网络之间要实现数据的传递与交流就需要借助网络层的功能。网络层的作用是引进一套新的地址，使我们能够区分不同的计算机是否属于同一个子网络，这套地址就叫作“网络地址”，简称“网址”。网址的出现，使得每台计算机都有了两个地址：一个是问世就带着的，不会改变的 MAC 地址，一个是后期网络管理员分配的可变的网络地址。网址可以判断两台计算机是否在同一个子网络，MAC 地址则是将数据准确地传递到目标计算机中。因此，逻辑上可以判断为先处理网络地址，再处理 MAC 地址。

到网络层为止，如果目标主机和本机在同一个子网络，通过 IP 地址及子网掩码比较得出在同一个子网络的结果，再通过 ARP 协议得到目标主机的 MAC 地址即可实现数据的交流。

如果目标主机和本机不在同一个子网络，通过 IP 地址及子网掩码比较得出在同一个子网络的结果，然后交给本网络的网关 A 处理，网关 A 根据路由协议得到目标主机所在子网络的网关 B，网关 B 再通过 IP 地址判断得出和目标主机在同一个子网络，然后再通过 ARP 协议获取 MAC 地址，即可进行数据的交流。

（四）传输层与应用层

1. 传输层

通过物理层、数据链路层以及网络层的组合可以实现不同主机间的数据交流，但是在同一个主机中的不同程序如何区分数据是否是传输给自己的，如当我们使用 QQ 聊天时，微信接收到的消息就不会呈现在 QQ 界面中，这就是传输层的作用。

传输层的协议为应用进程提供端到端的通信服务，它提供面向连接的数据流支持、可靠性、流量控制、多路复用等服务。确切地说，传输层实现的是端口对端口的服务，网络层实现的仅仅是主机到主机之间的服务，只要确定主机和端口，就能实现本机程序之间的交流。

知识链接

端　口

端口是指可连接两个或两个以上不同的电路装置使之能够传递电子或任何形式讯号的装置。

2. UDP 协议与 TCP 协议

UDP（User Datagram Protocol，用户数据报协议），在网络中它与 TCP 协议一样用于处理数据包，是一种无连接的协议。为了在给定的主机上识别多个目的地址，同时允许多个应用程序在同一台主机上工作并能独立地进行数据包的发送和接收，设计用户数据报协议 UDP。

TCP 协议比较复杂，但可以近似认为，它就是有确认机制的 UDP 协议，每发出一个数据包都要求确认。如果有一个数据包遗失，就收不到确认，发出方就知道有必要重发这个数据包了。因此，TCP 协议能够确保数据不会遗失，但它的缺点是过程复杂、实现困难、消耗较多的资源。TCP 数据包和 UDP 数据包一样，都是内嵌在 IP 数据包的“数据”部分。TCP 数据包没有长度限制，理论上可以无限长，但是为了保证网络的效率，通常 TCP 数据包的长度不会超过 IP 数据包的长度，以确保单个 TCP 数据包不必再分割。

3. 应用层

应用层直接和应用程序接口并提供常见的网络应用服务，应用程序收到“传输层”的数据，接下来就要进行解读。由于互联网是开放架构，数据来源多种多样，必须事先规定好格式，否则根本无法解读。“应用层”的作用，就是规定应用程序的数据格式。

至此，我们大致了解了一个数据从主机 A 至主机 B 的整个传输流程，数据先经过物理层的连接，由主机 A 进入网络中，紧接着经过数据链路层实现同个子网络中的数据传输，由于主机 A 与主机 B 处在不同的子网络中，数据需要通过网络层才能进行不同子网络间的数据传输，当数据到达主机 B 后，传输层将接收到的数据进行区分之后传输到规定的应用程序中，最终经过应用层对数据格式的规定实现数据的展示，至此形成了一个不同子网络间的数据传输全流程，如图 3－8 所示。

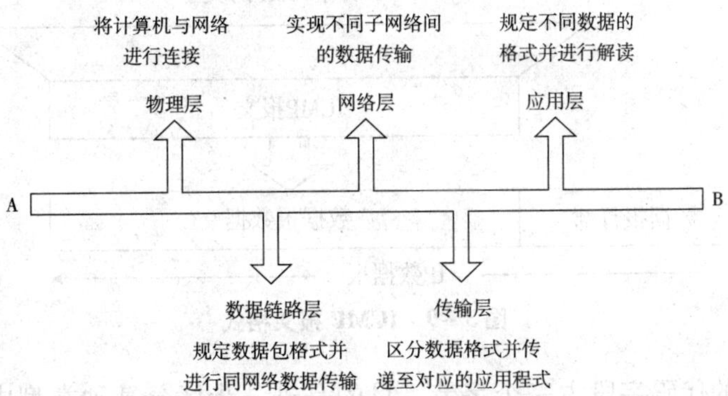

图 3－8　数据传输流程图

第二节　常用协议分析与实例研究

通过对第一节内容的学习，我们知道在 Internet 所使用的各种协议中，最基本和最重要的两个协议是传输控制协议 TCP（Transmission Control Protocol）和网际协议 IP（Internet Protocol），TCP/IP 协议不是 TCP 和 IP 这两个协议的合称，而是指因特网整个 TCP/IP 协议簇。其中，传输层包含了 UDP 和 TCP 这两个不同的协议，而协议是保障各个层级能够正常工作的规则。那么，这些协议包括哪些呢？

一、Internet 控制报文协议

数据包在传输过程中可能会遇到异常，但 IP 本身解决不了，因此 Internet 的网际层就需要一种协议来传递网络控制信息，提供差错报告。这个协议就是 Internet 控制报文协议 ICMP（Internet Control Message Protocol）。数据包只包含最初源网点和最终目的网点的字段，并不包括它在互联网上行程的完整记录（除非使用记录路由选项）。所以当数据包传输出错时，ICMP 只能向数据包初始源报告差错，不能向中间路由器报告。ICMP 报文必须封装在 IP 数据包中传送，其 IP 首部“协议”指明为 ICMP 协议报文。但 ICMP 只是 IP 软件中的一个模块，不能把它看成比 IP 更高的一层。因为从功能上看，它只是 IP 的补充，本身不能独立，另外，也不是上层协议赖以存在的基础。

ICMP 报文格式如图 3 -9 所示，ICMP 报文的前四个字节是统一的格式，分为三个字段，后面是长度可变部分，其长度取决于 ICMP 的类型。ICMP 报文类型字段占一个字节。类型字段的值与 ICMP 报文的类型的关系如表 3 -1 所示。

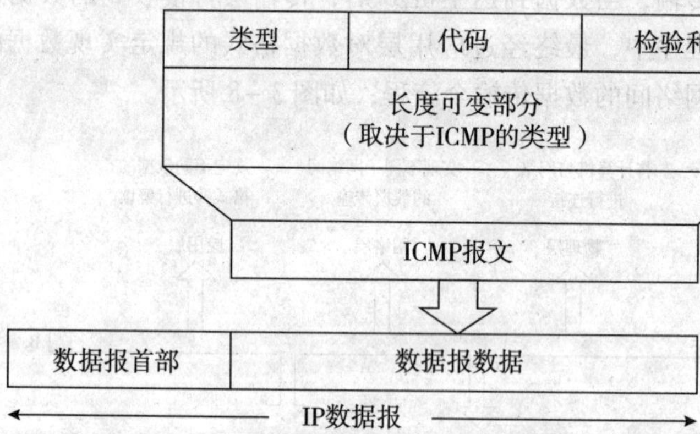

图 3 -9　ICMP 报文格式

ICMP 报文的代码字段占一个字节，目的是进一步区分某种类型中几种不同的情况。后面的检验和占两个字节，它检验整个 ICMP 报文。

知识链接

代　码

代码就是程序员用开发工具所支持的语言写出来的源文件，是一组由字符、符号或信号码元以离散形式表示信息的明确的规则体系。代码设计的原则包括唯一确定性、标准化和通用性、可扩充性与稳定性、便于识别与记忆、力求短小与格式统一以及容易修改等。源代码是代码的分支，某种意义上来说，源代码相当于代码。

表 3－1　　　　ICMP 报文类型

类型	代码	描述	查询	差错
0	0	Echo Reply——回显应答（Ping 应答）	×	
3	0	Network Unreachable——网络不可达		×
3	1	Host Unreachable——主机不可达		×
3	2	Protocol Unreachable——协议不可达		×
3	3	Port Unreachable——端口不可达		×
3	4	Fragmentation needed but no frag bit set——需要进行分片但设置不分片比特		×
3	5	Source routing failed——源站选路失败		×
3	6	Destination network unknown——目的网络未知		×
3	7	Destination host unknown——目的主机未知		×
3	8	Source host isolated（obsolete）——源主机被隔离（作废不用）		×
3	9	Destination network administratively prohibited——目的网络被强制禁止		×
3	10	Destination host administratively prohibited——目的主机被强制禁止		×
3	11	Network unreachable for TOS——由于服务类型 TOS，网络不可达		×
3	12	Host unreachable for TOS——由于服务类型 TOS，主机不可达		×
3	13	Communication administratively prohibited by filtering——由于过滤，通信被强制禁止		×
3	14	Host precedence violation——主机越权		×
3	15	Precedence cutoff in effect——优先中止生效		×
4	0	Source quench——源端被关闭（基本流控制）		
5	0	Redirect for network——对网络重定向		
5	1	Redirect for host——对主机重定向		
5	2	Redirect for TOS and network——对服务类型和网络重定向		
5	3	Redirect for TOS and host——对服务类型和主机重定向		
8	0	Echo request——回显请求（Ping 请求）	×	
9	0	Router advertisement——路由器通告		
10	0	Route solicitation——路由器请求		
11	0	TTL equals 0 during transit——传输期间生存时间为 0		×
11	1	TTL equals 0 during reassembly——在数据包组装期间生存时间为 0		×
12	0	IP header bad（catchall error）——坏的 IP 首部（包括各种差错）		×
12	1	Required options missing——缺少必需的选项		×
13	0	Timestamp request（obsolete）——时间戳请求（作废不用）	×	

续 表

类型	代码	描述	查询	差错
14	0	Timestamp reply（obsolete）——时间戳应答（作废不用）	×	
15	0	Information request（obsolete）——信息请求（作废不用）	×	
16	0	Information reply（obsolete）——信息应答（作废不用）	×	
17	0	Address mask request——地址掩码请求	×	
18	0	Address mask reply——地址掩码应答		

注：×表示发送的报文类型。

二、UDP 用户数据报协议

UDP（User Datagram Protocol，用户数据报协议）提供的是无连接的数据包传输，相对于 IP 协议，唯一增加的功能是提供了协议端口，因此 UDP 提供的服务是不可靠的，基于 UDP 的程序必须承担可靠性方面的全部工作。

进程的每个输出操作都正好产生一个 UDP 数据报，并组装成一份待发送的 IP 数据报。这与面向字符流的协议不同，如传输控制协议 TCP，应用程序产生的全体数据与真正发送的单个 IP 数据报可能没有什么联系。如图 3－10 所示，是 UDP 数据报封装成一份 IP 数据的格式。

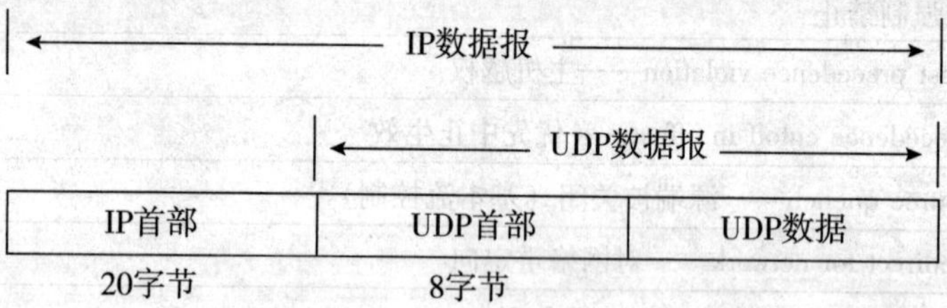

图 3－10　UDP 的封装

如图 3－11 所示，UDP 的首部很简单，只有 8 个字节，由 4 个字段组成，每个字段都是两个字节。源端口号和目的端口号分别指明了发送进程和接收进程。UDP 长度字段指的是 UDP 首部和 UDP 数据的字节长度。该字段的最小值为 8 字节（首部的长度）。

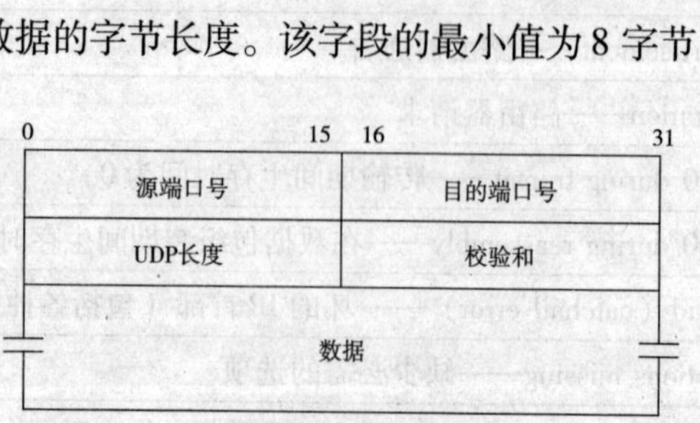

图 3－11　UDP 首部

三、TCP 传输控制协议

TCP 报文段的格式，如图 3－12 所示，是 TCP 报文段格式（Transmission Control Protocol，传输控制协议），它包括首部和数据两部分，如果不计选项数据，首部长度为 20 字节。

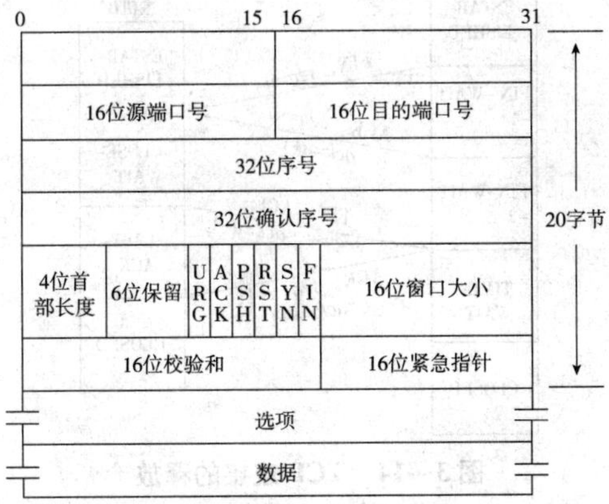

图 3－12　TCP 报文段格式

TCP 面向连接的协议，它采用“三次握手”的方式来建立连接，工作过程如图 3－13 所示。

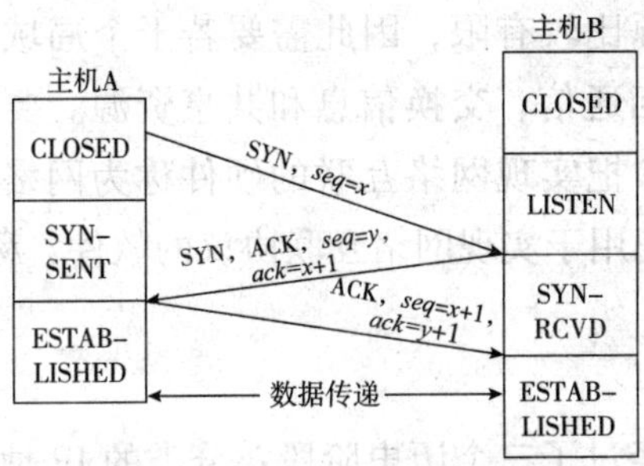

图 3－13　TCP 连接的建立

第一次握手：客户端发送 SYN 包（Synchronize Sequence Numbers，同步序列编号）（seq = x）到服务器，并进入 SYN_SEND 状态，等待服务器确认；

第二次握手：服务器收到 SYN 包，必须确认客户的 SYN（ack = $x+1$），同时自己也发送一个 SYN 包（seq = y），即 SYN + ACK 包，此时服务器进入 SYN_RECV 状态；

第三次握手：客户端收到服务器的 SYN + ACK（Acknowledgement，确认字符包）向服务器发送确认包 ACK（ack = $y+1$），此包发送完毕，客户端和服务器进入 ESTABLISHED（确定的）状态，完成三次握手。

握手过程中传送的包里不包含数据，三次握手完毕后，客户端与服务器才正式开始传送数据。理想状态下，TCP 连接一旦建立，在通信双方中的任何一方主动关闭连接之前，TCP 连接都将被一直保持下去。

建立一个连接需要“三次握手”，释放一个连接即对“三次握手”的方式进行一下改进，如图 3－14 所示，这是因为 TCP 的连接是全双工（指可以同时进行信号的双向传输）的，因此每个方向上必须单独进行关闭。

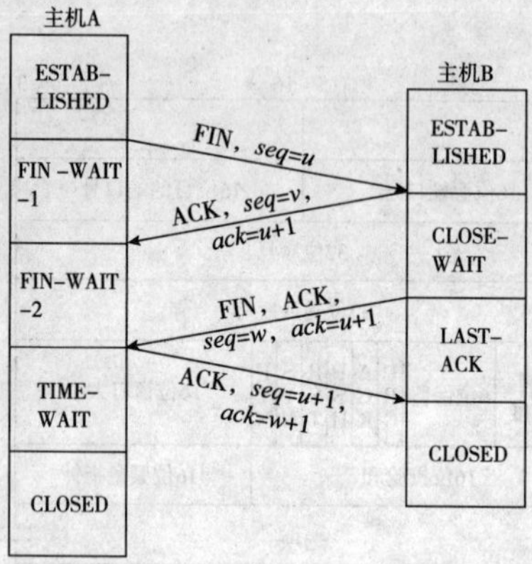

图 3－14　TCP 连接的释放

第三节　IP 路由与网络互联

由于单一的局域网资源比较有限，因此需要若干个局域网连成更大的网络，使各个不同网络的用户能够互相通信、交换信息和共享资源。要实现网络互联，必须有相应的硬件和软件支持，通常把实现网络互联的硬件称为网络互联设备，如中继器、网桥、路由器和网关等，而把用于实现网络互联协议的软件，称为网络互联软件。

一、IP 编址技术

IP 地址的编址方法共经过了三个历史阶段：分类的 IP 地址、子网的划分以及无分类编址 CIDR。

（一）分类的 IP 地址

分类的 IP 地址是将 IP 地址划分为若干个固定类，每一类地址都由两个固定长度的字段组成，其中第一个字段是网络号，它标志主机（或路由器）所连接到的网络。一个网络号在整个因特网范围内必须是唯一的。第二个字段是主机号，它标志该主机（或路由器）。一个主机号在它前面的网络号所指明的网络范围内必须是唯一的。由此可见，一个 IP 地址在整个因特网范围内是唯一的。

IP 地址分为五类，分别是 A 类、B 类、C 类、D 类、E 类。A 类、B 类、C 类地址都是单传播地址，D 类地址用于多点广播，而 E 类地址保留为以后用。

(二) 子网的划分

分类 IP 地址是两级 IP 地址，而子网的划分则构成了三级 IP 地址。划分子网的方法是借用若干个网络的主机号作为子网号，当然主机号也就相应减少了同样的位数。于是两级 IP 地址在本单位内部就变成了三级 IP 地址：网络号、子网号和主机号。

知识链接

互联网协议地址

互联网协议地址（Internet Protocol Address，又译为网际协议地址），缩写为 IP 地址（IP Address）。IP 地址是 IP 协议提供的一种统一的地址格式，它为互联网上的每一个网络和每一台主机分配一个逻辑地址。

(三) 无分类编址 CIDR

CIDR（Classless Inter - Domain Routing，无类别域间路由）消除了传统的 A 类、B 类和 C 类地址以及划分子网的概念，因而可以更加有效地分配 IPv4（Internet Protocol Version 4，互联网通信协议第四版）的地址空间，并且可以在新的 IPv6（Internet Protocol Version 6，互联网通信协议第六版）使用之前容许因特网的规模继续增长。CIDR 把 32 位的 IP 地址划分为两个部分。前面的部分是“网络前缀”，用来指明网络，后面的部分则用来指明主机。因此 CIDR 使 IP 地址从三级编址又回到了两级编址，但这已是无分类的两级编址。

CIDR 把网络前缀都相同的连续的 IP 地址组成一个“CIDR 地址块”。只要知道 CIDR 地址块中任何一个地址，就可以知道这个地址块的起始地址也就是最小地址和最大地址，以及地址块中的地址数。例如，IP 地址：128. 14. 35. 7/20. 代表其中的前 20 位是网络前缀，而前缀后面的 12 位是主机号。

二、静态路由

静态路由的 IP 网际网络在路由器间进行路由信息通信时不使用路由协议（如 RIP - for - IP 或 OSPF）。所有的路由信息都存储在每个路由器的静态路由表中，必须确保每个路由器在其路由表中都有适当的路由，这样就可以在 IP 网际网络的任意两个终点之间交换数据。

如果静态路由适合一个 IP 网际网络，则可以执行以下步骤来部署静态路由：

①绘制一张 IP 网际网络拓扑图，显示单个的网络和路由器及主机（运行 TCP/DP 的非路由器计算机）的位置。

②为每个 IP 网络（由一个路由器连接成的缆线系统）指派一个唯一的 IP 网络 ID（也称作 IP 网络地址）。

③为每个路由器接口指派 IP 地址。工业上常用的方法是将给定 IP 网络的第一个 IP 地址指派给路由器接口。例如，对于一个子网掩码为 255. 255. 255. 0，IP 网络 ID 为 192. 168. 100. 0 的网络，路由器接口的 IP 地址将指派为 192. 168. 100. 1。

④对于外围路由器，在具有邻接路由器的接口上配置默认路由。在外围路由器上使用默认路由是可选的。

⑤对每个非外围路由器，需将静态路由添加到该路由器的路由表中的路由清单中。每个路由由目标网络 ID、子网掩码、网关（或转发）IP 地址、跃点数（到达网络的路由器跃点数）以及用于到达网络的接口组成。

⑥对于带外围路由器，将步骤⑤中编辑的静态路由添加到各个路由器中。可以通过使用路由与远程访问来添加静态路由。

⑦完成配置后，请使用 Ping 和 Tracert 命令来测试主机之间的联通性，以便所有的路由路径都得到检查。

三、RIP 协议

RIP（Routing Information Protocol，路由信息协议）是内部网关中使用得较早的一种协议，它是一种基于距离矢量的分布路由选择协议。RIP 把网络中的节点分为主动的和被动的，主动节点可以广播路由信息，也可以接收、更新信息，被动节点只能接收广播并更新自己的路由信息。只有路由器可以作为主动节点，而主机只能作为被动节点。主动节点每隔 30 秒向相邻路由器（连接在同一个网络上的两个路由器）广播其当前路由表中的路由信息。

如图 3－15 所示，R1 与 R2 是相邻路由器，R1 与 R3 不是相邻路由器。RIP 使用“跳数”（hop）来计算到目的网络的距离，通过一个网络为一跳，因此从给定源站到目的站的跳数对应于数据包沿某条路径到达目的站所经过的路由器数，RIP 规定最大跳数为 15，若跳数为 16 则表示不可达。

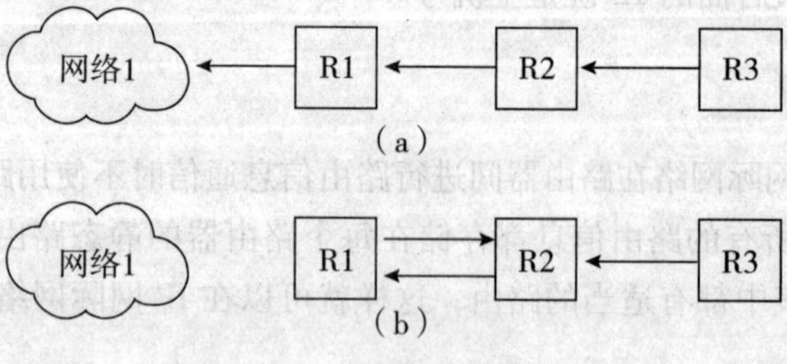

图 3－15　RIP 协议示意

四、BGP 协议

BGP 协议（Border Gateway Protocol，边界网关协议）用来在不同的自治系统的路由器之间交换路由信息，BGP 是唯一一个用来处理像因特网大小的网络的协议，也是唯一能够妥善处理好不相关路由域间的多路连接的协议。边界网关协议的职能在于实现数据传输过程中，不同因特网自治域系统间的路由实现，本质上看就是在不同的网络系统之间交换网络可达信息。

从 BGP 的观点来看，整个 Internet 由一些 BGP 路由器及其连接线路组成。若两个 BGP 路由器共享了一个公共的网络，则称它们是连接在一起的。BGP 将网络划分为以下三类。

①与 BGP 只有一个连接的网络（Stub Network），它不能用来转发数据包，因为它不再与其他网络相连。

②与 BGP 有两个或更多连接的网络（Multi Connected Network），它可以用来转发数据包，除非它拒绝这样做。

③能够转发第三方数据包的转发网络（Transit Network），如主干网。

知识链接

包

包（Packet）是 TCP/IP 协议通信传输中的数据单位，一般也称为“数据包”。TCP/IP 协议是工作在 OSI 模型第三层（网络层）、第四层（传输层）上的，帧工作在第二层（数据链路层）。上一层的内容由下一层的内容来传输，所以在局域网中，“包”是包含在“帧”里的。

想要在实际的工作环境中确保 BGP 协议能够正常展开工作，成为通信环境中的有力支持力量，还需要更深一步就其工作机制展开分析。

不同的自治域 AS 在展开跨区的数据传输过程中，在本域内的最后一个路由节点可以被视为边界路由，这就是 BGP 协议主要的工作环境。一台配置好 BGP 路由协议的路由器，能够实现通过 TCP 协议与其他相邻 BGP 路由保持通信的功能。需要注意的是，BGP 路由在网络初始化的时候对于临近路由无法自行感知，通常需要人工或经由相应软件算法进行设定。在完成设定之后，逻辑上相邻的 BGP 路由器会定期交换路由信息，确保期间的路由道路畅通。通常做法是采用每隔 60 秒发送的 Hello 数据包来确定 BGP 路由之间的邻居关系，通常 Hello 数据包也会被称作为 Keepalive 数据包，其作用在于帮助 BGP 路由时间确定彼此的工作和活跃状态。Hello 数据包的成功传输会帮助 BGP 路由为其逻辑相邻的其他路由器设定一个时间参数 Hold Time，而以表示其邻居路由器的活跃状态，通常将 Hold Time 设定为 180 秒，即在 180 秒内认为该邻居路由工作正常，通向其路由的线路顺畅，而如果超过 180 秒仍未接收到邻居路由的 Hello 数据包，则将该邻居路由工作状态设定为无效，并且对应修改路由表和算法。

第四节　Internet 的应用与管理

20 世纪伟大的发明之一就是计算机，它的出现给人们的生活带来了很大的冲击，而 Internet 更带来了一场翻天覆地的革命，无论是生产方式、生活方式，还是人们的思想意识，都发生了质的改变。作为一个覆盖全球的巨大的计算机网络，许多行业、组织和团体都纷纷加入 Internet 中，并使他们的信息对外开放，因此 Internet 的用户可获得多方面的信息服务。

一、DNS 域名系统

DNS（Domain Name System，域名系统，简称为域名）是因特网的一项核心服务，它作为可以将域名和 IP 地址相互映射的一个分布式数据库，能够使人更方便地访问互联网，而不用去记住能够被机器直接读取的 IP 地址数串。

任何一个连接在 Internet 上的主机都有一个唯一的层次结构的名字即域名（Domain Name），域名空间的结构如图 3－16 所示。

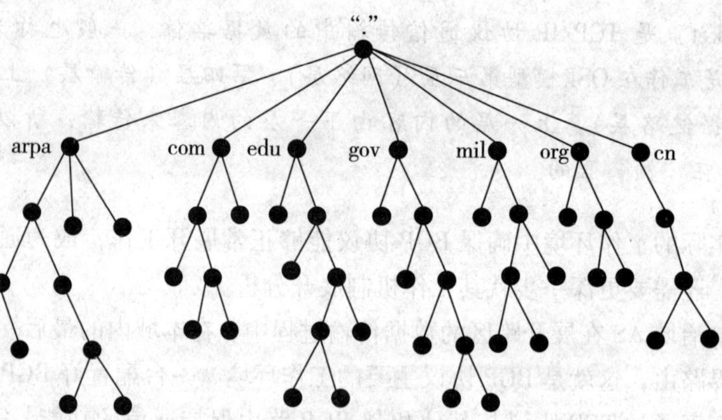

图 3－16　DNS 域名空间结构示意图

从图 3－16 中可以看出，域名空间是个具有树形结构的分层名称空间，从上至下为根域、顶级域、二级域、三级域等。每一个较下一层的域都会从属于某一个上层的域，根域是分层结构的最高级且没有名字，其他所有的域都属于根域的下级，最下面的节点就是主机。

根域的下一级为顶级域，主要有以下三类。

①国家顶级域名，如 cn 表示中国，us 表示美国，uk 表示英国等。

②国际顶级域名，采用 int，国际性的组织可在 int 下注册。

③通用顶级域名，如代表商业的 . com，代表教育的 . edu，代表政府的 . gov，代表军队的 . mil 等。

DNS 的管理单元是区域（Zone），区域是 DNS 的一部分，它可以作为单独的实体进行管理。每个区域都定位在一个具体的域节点上，这个域节点是该区域的根域，如可以把 edu. cn 作为一个管理区域。域名空间的区域划分管理使得域名管理能够呈现分布式、局部化，这样可提高网络的可靠性，并降低通信量。每个区域都是由域名服务器进行管理，域名服务器中含有域名和 IP 地址相对应的数据库，负责域名的解析。

知识链接

数据库

数据库（Database）是按照数据结构来组织、存储和管理数据的仓库，随着信息技术和市场的发展，特别是 20 世纪 90 年代以后，数据管理不再仅是存储和管理数据，而转变成用户所需要的各种数据管理的方式。数据库有很多种类型，从最简单的存储各种数据的表格到能够进行海量数据存储的大型数据库系统，都在各个方面得到了广泛的应用。

二、DHCP 动态主机配置协议

网络中每一台主机的 IP 地址及相关配置除了手工配置以外，还可以使用 DHCP（Dynamic Host Configuration Protocol，动态主机配置协议）来动态分配。此时，网络中至少需要一台“DHCP 服务器”，客户端设置为自动获取 IP 地址。

当 DHCP 客户端的计算机启动时，它广播一个 DHCP Discover 报文。网络上的 DHCP 服务器收到该报文后，就会从 IP 地址池中挑出一个尚未出租的 IP 地址，仍以广播的形式发送一个 DHCP Offer 响应报文。如果网络上存在多个 DHCP 服务器，客户可能会收到多个 DHCP Offer 报文。客户选取第一个收到的 DHCP Offer 信息，并仍以广播的形式向服务器发送 DHCP Request 报文。此时也使用广播的目的是为了让没有被选中的 DHCP 服务器也能收到此信息，并释放本欲分配给客户端的 IP 地址。DHCP 服务器收到 DHCP 客户端要求的 IP 地址的 DHCP Request 后，仍利用广播的方式送出 DHCP Ack 报文给客户端。使用广播是因为客户端仅仅是请求此 IP 地址，并没有真正获得此 IP 地址。DHCP Ack 报文内包含客户所需的配置信息，如 IP 地址、子网掩码、默认网关、DNS 服务器等。

三、电子邮件

（一）概述

电子邮件（E－mail）无疑是 Internet 最流行的应用程序之一，目前全世界广泛使用了 Internet 的电子邮件系统，图 3－17 是一个用 TCP/IP 交换电子邮件的示意图。

用户与用户代理打交道，代理使用户能够通过一个接口来收发电子邮件。而邮件交换是由 MTA（Message Transfer Agent，消息传送代理）完成的。电子邮件由

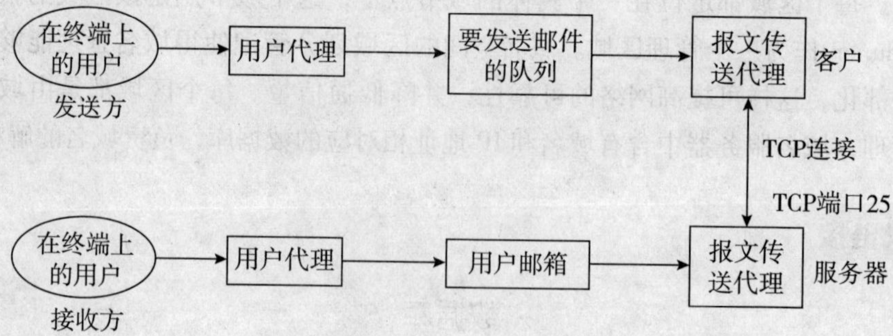

图3－17　Internet电子邮件示意图

两部分组成，即信封（Envelope）和内容（Content），而内容又分为首部和正文两个部分。

在电子邮件的信封上，最重要的就是收信人的地址。TCP/IP体系的电子邮件系统规定的电子邮件地址的格式如下：邮箱名称@邮箱所在主机的域名，例如，日常生活中常用的QQ邮箱的邮件地址一般为“QQ号@qq. com”，其中QQ号部分即为邮箱名称，qq. com为邮箱所在主机的域名。

知识链接

域　名

域名（Domain Name），是由一串用点分隔的名字组成的Internet上某一台计算机或计算机组的名称，用于在数据传输时标识计算机的电子方位（有时也指地理位置，地理上的域名，指代有行政自主权的一个地方区域）。

（二）消息格式

一个电子邮件分为信封和内容两大部分。用户写好首部后，邮件系统自动将信封所需的信息提取出来并写在信封上，所以用户不需要填写电子邮件信封上的信息。

邮件系统的首部包括一些关键字，后面加上冒号，常用的关键字及其含义如下所述。

“To:”后面填入收信人的电子邮件地址。

“Subject:”是邮件的主题。

“Cc:”这两个字符来自“Carbon Copy”，它表示给某个人发送一个邮件副本。

“From:”和“Date:”表示发件人的电子邮件地址和发信日期。

（三）邮局协议POP和Internet邮件访问协议IMAP

TCP/IP专门设计了一个提供对电子邮件信箱进行远程存取的协议，它允许用户的邮箱安置在某个运行邮件服务程序的主机（邮件服务器）上，并允许用户从其个人计算机上对邮箱的内容进行提取和删除。

1. 邮局协议 POP

把邮件从邮箱传输到本地计算机的最流行的协议是 POP（Post Office Protocol，邮局协议）版本 3，即 POP3。在邮件服务器上，SMTP 协议负责邮件在 MTA 之间的转发，POP 协议则允许用户对邮件服务器上邮箱中的邮件进行提取并将其删除。

用户首先调用 POP3 客户程序，该程序与邮件服务器上的 POP3 服务器建立 TCP 连接。连接成功后，用户发送登录名和口令，以鉴别该会话。一旦接受鉴别，则客户程序可以发送命令，对邮件进行处理。

2. Internet 邮件访问协议 IMAP

IMAP（Internet Mail Access Protocol，Internet 邮件访问协议）以前称作交换邮件访问协议。与 POP3 协议类似，IMAP 也是提供面向用户的邮件收取服务。常用的版本是 IMAP4。IMAP 设计成使用户可以在远地操纵服务器的邮箱，就像本地操纵一样。与 POP3 类似，用户运行一个 IMAP 客户与服务器进行联络，以检索邮件。但与 POP3 不同的是，IMAP4 允许用户动态创建、删除或重命名邮箱。

IMAP4 还提供了检索和处理的扩展功能。用户不用检索整个邮件就可以获得一个邮件的信息，或者检查其首部字段。另外，用户可以搜索一个指定的字符串，还可以检索邮件中指定的部分。部分检索对于慢速连接尤其有用，因为用户不必下载无用的信息。

四、万维网 WWW

（一）概述

WWW 是环球信息网英文的缩写（亦称“Web”“WWW”“W3”，英文全称为“World Wide Web”），中文名为“万维网”“环球网”等，常简称为 Web。从概念上讲，Web 由很多文档组成，这些文档成为 Web 页面（Page），通过 Internet 能访问这些文档，每个 Web 页被归类为一个超媒体（Hypermedia）文档。在 Hypermedia 一词中，后缀 media 指文档中除文本以外还包含其他信息，如图形、图像、声音、动画、视频等；前缀 Hyper 指文档中可以包含指向其他相关文档的可选择链接（Link）。

（二）统一资源定位器 URL

URL（Uniform Resource Locator，统一资源定位系统）是与 Internet 相连的机器上的任何可访问对象的一个指针。由于对不同对象的访问方式不同，所以 URL 还指出读取某个对象时所使用的访问方式。URL 的一般形式如下。

<scheme>：<scheme－specific－part>

<scheme>说明了 URL 的访问方式。常用的有 ftp、http、news、telnet 等，对于万

维网的访问使用 HTTP 协议，HTTP 使用的 URL 的一般形式如下。

http：//hostname[:port]/path/[;parameters][?query]#fragment

其中，方括号表示可选项，hostname 指 Web 服务器的域名或 IP 地址。port 是可选的协议端口号，只有在服务器不使用默认端口 80 情况下，才使用这一选项。path 是由零或多个“/”隔开的字符串，多用来表示主机上的一个目录或文件地址。query 用于给动态网页传递参数。fragment 用于定位网络资源中的片断。例如，http：//www. rfc - editor. org/rfc-search. html 这个 URL 是有关 RFC 文档的搜索页面，服务器的域名为 www. rc - editor. org，文档是 rfcsearch. html。

（三）超文本传输协议 HTTP

HTTP（HyperText Transfer Protocol，超文本传送协议）是浏览器和 Web 服务器中间机器和 Web 服务器之间进行通信所使用的协议。HTTP 仍在不断地发展。

假定用户要访问页面 http：//www. rfc - editor. org/rfcsearch. html，其通信过程如下。

①浏览器向域名服务器请求解析 www. rfc - editor. org 的 IP 地址。

②域名服务器返回 www. rfc - editor. org 的 IP 地址 128. 9. 160. 27。

③浏览器与 Web 服务器 www. rfc - editor. org 建立 TCP 连接（在 128. 9. 160. 27，端口 80）。

④浏览器发出取文件命令：GET/rfcsearch. html。

⑤服务器 www. rfc - editor. org 将文件 rfcsearch. html 发给浏览器。

虽然 HTTP 的基本机制并不复杂，但 HTTP 却在报文中定义了大量的参数，限于篇幅，报文格式和相关参数请参照有关 RFC 的文档。

（四）超文本标记语言 HTML

万维网要使任何一台计算机都能显示出任何一个万维网服务器上的页面，就必须解决页面制作的标准化问题。超文本标记语言 HTML 就是制作网页的标准语言，它消除了不同计算机之间信息交流的障碍。

HTML 是 ISO 标准 8879，即 SGML（Standard General Markup Language，标准通用置标语言）的一个应用。官方的 HTML 标准由 W3C（WWW Consortium）负责制定。

HTML 是一种标记语言，用来描述如何将文本格式化。HTML 制定了许多标签(tag)，例如，<B>表示粗体开始，</B>表示粗体结束。

一个正常的页面由头部和主体两部分组成。头部和主体的内容都在标签<HTML>和</HTML>之间，但如果没有这两个标签也不会出错。头部内容在标签<HEAD>和</HEAD>之间，主体内容在标签<BODY>和</BODY>之间。为帮助读者理解，下面列举一个简单的例子：

```
<HTML>
```

<HEAD>

<TITLE>

</HEAD>

<BODY>

<P>HTML 标签大多数成对出现，有些比较复杂，可以带有参数。

</BODY>

</HTML>

表 3－2 给出了一些常用的 HTML 的标签和简要说明，要深入学习，请参考相关资料。

表 3－2　　常用的 HTML 标签

标签	描述
<HTML>…</HTML>	表明这是用 HTML 写成的页面
<HEAD>…</HEAD>	页面头部
<TITLE>…</TITLE>	页面的标题（在页面中不显示）
<BODY>…</BODY>	页面的主体
<Hn>…</Hn>	*n* 级标题
<I>…</I>	设为斜体字
<UL>…</UL>	无序列表
<OL>…</OL>	有序列表
<MENU>…</MENU>	括住 <LI> 的菜单
<LI>	表项
 	换行
<P>	段落
<HR>	水平线
<PRE>	预格式化文本，浏览器显示时不再排版
<IMG SRC="…">	图像
<A HREF="…">…</A>	超链接

思考与练习

一、单项选择题

1. TCP/IP 协议簇中的传输层协议是（　　）。

A. TCP、IP　　B. TCP、UDP　　C. TCP、ARP　　D. IP、ARP

2. 在 Internet 中，IP 地址由两部分组成，它们是（　　）。

A. 用户账号和主机号　　B. 网络号和主机号

C．域名和国家代码　　　　　　　　D．源地址和目的地址

3．B 类地址的网络号为 2 个字节，也就是说 B 类地址的首字节的取值范围是(　　)。

A．0 ~ 127　　B．128 ~ 191　　C．128 ~ 223　　D．192 ~ 223

4．万维网使用（　　）协议。

A．HTTP　　B．WWW　　C．HTML　　D．FTP

5．在网址 www. hao123. com 中，. com 表示（　　）。

A．无任何意义　　B．文件后缀　　C．服务器　　D．域名

二、简答题

1．简述部署静态路由的步骤。

2．什么是 DNS 域名系统？

三、论述题

1．试论述 TCP 的“三次握手”工作过程。

2．试论述 TCP/IP 参考模型的组成以及各部分之间的关系。

四、操作题

选择一个熟悉的网站，将其网址进行分解，并说明各部分的意义。

第四章　移动电子商务技术

学习目标

知识目标

1. 了解移动互联网的概念。
2. 熟知移动互联网的业务体系。
3. 熟悉移动互联网技术的应用。
4. 熟悉移动电子商务技术包括哪些常用技术。

能力目标

1. 掌握无线应用协议 WAP 及移动 IP 技术。
2. 掌握蓝牙技术及移动定位系统 GPS。
3. 能够正确分析二维码在移动电子商务中的应用模式。

任务概述

本章包含以下两个学习小节。

第一节　移动互联网技术

第二节　移动电子商务技术

本章主要介绍移动互联网和移动电子商务技术，详解了移动互联网的业务体系和移动互联网技术的应用。使学生对移动电子商务技术中的无线应用协议 WAP 和移动 IP 技术有深入了解，理解并掌握蓝牙技术和移动定位系统 GPS。

第一节　移动互联网技术

与以往的互联网进行比较，移动互联网自身的主要优点是对以往信息数据在传输过程中受时间、空间等因素的约束进行了突破，使互联网的共享性与开放性进行了高效结合。从移动互联网的运行方法进行分析，其具有较强的多元性、移动性、共享性、实时性等特征。其中实时性主要体现为移动互联网在对人们提供全天候网络服务的基础上，提供的各种信息数据都具有较强的及时性；便捷性主要体现为在无线网络覆盖的区域中，通过各种移动电子设备终端就可以与移动互联网进行连接与应用。

一、移动互联网的概念

移动互联网的概念是相对传统的互联网而言的，强调用户可以不限制地点、时间，并且随时可以在移动中接入互联网并使用相关业务。移动互联网不是移动通信和互联网二者的简单结合，而是将移动通信和互联网二者深度融合起来，成为一体，是对互联网的技术、平台、商业模式和应用与移动通信技术结合并实践的活动的总称。

二、移动互联网的业务体系

移动互联网的业务体系主要包括以下三大类。

①传统互联网的业务向移动终端的复制，从而实现移动互联网与传统互联网相似的业务体验，如网站开发移动端的平台及 WAP 网站，这是移动互联网业务的基础。

②移动通信业务的互联网化。早些年，人与人之间的沟通联系用得最多的方式还是电话和短信，随着移动互联网的普及，人们之间的沟通更多使用微信、手机 QQ 等移动通信应用。

③结合移动通信与互联网功能而进行的有别于固定互联网的业务创新，这是移动互联网业务的发展方向，移动互联网的业务创新关键是如何将移动通信的网络能力和互联网的网络与应用能力进行聚合，从而创新出适合移动互联网的互联网业务。

三、移动互联网的应用领域

移动互联网的应用领域非常广泛，触及人们生活和工作的方方面面，新闻阅读、视频节目、电商购物、公交出行、考勤打卡、工作交流等热门应用都出现在移动终端上，在苹果和安卓商店的 App 下载量已达到数百亿次，而移动用户规模更是超过了 PC 用户。移动互联网的应用领域主要包括以下几个方面。

1. 衣食住行

移动智能终端结合通过运用无线互联网给客户带来全新的感受。比如外卖平台、打车平台，基于 LBS（基于位置的服务）技术可以准确地确定用户所在的位置及判断以此为中心的范围内的商家、配送人员、车辆，可以快速匹配相应的服务给用户。

2. 健康和医疗行业

例如，基于移动互联网通信技术，配合移动穿戴设备，采集用户各项身体指标，及时反映用户健康和运动当中的一些数据，从而及时关注用户的健康状况，同时反馈给用户注意事项及调整建议。

3. 通信

在过去的几年当中，最重要的一个移动互联网应用是微信的崛起，这是巨大的创新。这个产品带来的冲击是非常大的，对传统的通信市场等产生了巨大冲击。

4. 搜索

移动搜索是指以移动设备为终端，进行对普遍互联网的搜索，从而实现高速、准确地获取信息资源。目前移动搜索主要应用在浏览器、搜索引擎和一般功能性搜索。

移动搜索呈以下发展趋势。

（1）人工智能技术在移动搜索中的应用进一步深化

移动搜索企业纷纷加强人工智能搜索的布局，已经在智能语音、问答、对话、翻译等领域取得突破，相关技术朝着实用化、便利化的方向发展。未来人工智能将成为移动搜索行业发展的基础，人工智能技术在移动搜索领域的应用进一步深化。

（2）着眼用户，提供个性化、专业化服务

各种垂直类平台的发展使得移动互联网用户分散在不同的垂直平台上，形成信息割裂。而用户需求日趋多样化、高层次化，要求信息获取更为便利化、信息内容专业化。未来移动搜索平台将进一步整合各种垂直平台信息，并基于自身的智能技术，把握精准的用户画像，更深入了解用户需求，提供个性化、专业化的服务。

（3）内容载体形式侧重点发生变化

移动互联网历经图文、语音到视频等内容载体的转变。各种短视频平台的兴起，使得移动互联网用户不再局限于图片、文字的表达。短视频拓展了用户的思维和行为习惯，并且符合当代网络信息碎片化、便捷化的需求。新时代互联网用户对视频的偏好将会推动移动搜索的内容载体形式视频化。

5. 金融服务

移动互联网金融是传统金融行业与移动互联网相结合的新兴领域。移动互联网金融与传统金融服务业所采用的媒介不同，移动互联网金融以智能手机、平板电脑和无线 POS 机为代表的各类移动设备，通过移动互联网等工具，使得传统金融业务具备透明度更强、参与度更高、协作性更好、中间成本更低、操作上更便捷等一系列特征。

第二节　移动电子商务技术

因特网、移动通信技术和其他技术的完美结合创造了移动电子商务，移动电子商务以其灵活、简单、方便的特点受到消费者的欢迎。通过移动电子商务，用户可随时随地获取所需的服务，服务付费可通过多种方式进行，可直接转入银行、用户电话账单或者实时在专用预付账户上借记，以满足不同需求。随着科学技术的发展，实现移动电子商务的技术有以下三种。

一、无线应用协议 WAP 及移动 IP 技术

无线应用协议 WAP 与移动 IP 技术是保证移动通信设备连接互联网的基础。

（一）无线应用协议（WAP）

无线应用协议于1998年年初公布，是人们使用手机等移动通信终端设备，通过WAP协议接收各种信息、上网、浏览网页、收发电子邮件，甚至进行网上电子商务的一项网络通信协议。

无线应用协议是在移动电话、个人数字助理（PDA）等移动通信设备与因特网或其他业务之间进行通信的开放性、全球性的标准。WAP由一系列协议组成，应用WAP标准的无线通信设备，都可以对因特网进行访问，包括收发电子邮件、查询信息和访问网站等。

（二）移动IP技术

移动IP接入技术是接入网的一种新的形式，处在用户终端和骨干网之间，基于TCP/IP协议，将Internet上的各种业务以无线通信的方式延伸到用户终端，移动IP接入系统一般采用点对多点的组网方式。

对于固定接入方式，一个无线终端可以连接多个用户终端；而对于移动接入方式，无线终端一般和用户终端集成在一起，即无线终端和用户终端是一一对应的。在建网时，移动IP接入系统可以采用多基站的蜂窝结构来扩大系统的覆盖范围和提高业务密度，当然，移动IP接入系统也可以脱离骨干网而同时组成专用的移动IP通信系统。

二、蓝牙技术及移动定位系统GPS技术

（一）蓝牙技术

蓝牙（Bluetooth）是一种无线技术标准，可实现固定设备、移动设备和楼宇个人域网之间的短距离数据交换（使用2.4～2.485GHz的ISM波段的UHF无线电波）。蓝牙技术最初由电信巨头爱立信公司于1994年创制，当时是作为RS232数据线的替代方案。蓝牙可连接多个设备，克服了数据同步的难题。

蓝牙技术目前由蓝牙技术联盟（Bluetooth Special Interest Group，SIG）来管理，其成员分布在电信、计算机、网络与消费性电子产品等领域。IEEE曾经将蓝牙技术标准化为IEEE 802.15.1，但是这个标准现在已经不再继续使用。

1. 工作方式

蓝牙技术分为基础率/增强数据率（BR/EDR）和低耗能（LE）两种技术类型。其中BR/EDR型是以点对点网络拓扑结构创建一对一设备通信；LE型则使用点对点（一对一）、广播（一对多）和网格（多对多）等多种网络拓扑结构。

2. 蓝牙技术的应用

蓝牙技术已经应用到超过三万个联盟技术成员的几十亿件产品之中。依靠蓝牙支持，计算机或PDA能通过手机的调制解调器实现拨号上网，可以在一定距离内架设计算机间

的无线网络或数个以太网之间的无线桥架，蓝牙设备之间可以传输文件。表4-1对蓝牙技术的应用领域与应用技术进行了阐述。

表4-1 蓝牙技术的应用领域与应用技术

应用领域	应用技术
汽车	蓝牙免提调用系统；车载音频娱乐系统；监测和诊断机电系统
消费类电子产品	电视和游戏系统，家用游戏机的手柄，包括 PS4、PSP Go、Nintendo Wii
家居自动化	智能家居，室内的照明、温度、家用电器、窗户和门锁等安全系统以及牙刷、鞋垫等日常用品
医疗和保健	血糖监测仪、脉搏血氧仪、心率监视器、哮喘吸入器等产品
手机	移动电话和免提设备之间的无线通信，这也是最初流行的应用
计算机与外设	鼠标、键盘、耳机、打印机等
可穿戴设备	智能眼镜、耳机、活动监测仪、儿童和宠物监视器、医疗救助、头部和手部安装终端以及摄像机
运动和健身	健身跟踪手环和智能手表，瑜伽垫、棒球棍等
零售和位置导向式服务	实时定位系统（RTLS），应用“节点”或“标签”嵌入被跟踪物品中，读卡器从标签接收并处理无线信号以确定物品位置

（二）移动定位系统 GPS 技术

移动定位系统是一个集合 GPS 导航、GPS 定位、个人安全及追踪于一体的全方位位置服务系统。由一个多功能 AGPS 手机和 n 个 AGPS 便携式定位终端组成，为家庭、公安、交通、物流等用户提供了一个方便、快捷、经济、灵活和贴身的位置服务系统。

定位技术有两种，一种是基于 GPS 的定位，一种是基于移动运营网的基站的定位。基于 GPS 的定位方式是利用手机上的 GPS 定位模块，将自己的位置信号发送到定位后台来实现移动定位。基站定位则是利用基站对手机距离的测算，来确定手机位置。后者不需要手机具有 GPS 定位能力，但是定位精度很大程度上依赖于基站的分布及覆盖范围的大小，有时误差会超过一千米。前者定位精度较高。此外还有利用 Wi-Fi 在小范围内定位的方式。

移动定位技术是基于目前较为普及的 GSM/GPRS 无线网络覆盖对手机终端进行实时位置捕捉的新型技术，只要手机开机又能收得到网络信号，那么它所处的位置便能被随时掌握。

无线移动网络是以小区（蜂窝）作为最小位置单位的，所以当手机处在不同的小区或在小区之间进行移动切换时，不同的小区号便确认了手机的实际位置。由于移动网络的小区号是全球唯一的，所以对应的实际地理位置也是全球唯一的。

移动定位技术在电子地图的显示下或在地理信息数据库的支持下，实时地显示、跟踪、处理单个、多个、群组的人、车或物。这种技术可以广泛地应用在大众无线数据信息娱乐服务行业领域以及大众无线数据领域。

三、二维码技术

（一）二维码技术的概念

二维码又称二维条码，常见的二维码为 QR Code，QR 全称 Quick Response，是近几年来移动设备上流行的一种编码方式，它能比传统的 Bar Code 条形码存储更多的信息，也能表示更多的数据类型。

二维条码/二维码（2 - Dimensional Bar Code）是用某种特定的几何图形按一定规律在平面（二维方向上）分布的黑白相间的图形记录数据符号信息的；在代码编制上巧妙地利用构成计算机内部逻辑基础的“0”“1”比特流的概念，使用若干个与二进制相对应的几何形体来表示文字数值信息，通过图像输入设备或光电扫描设备自动识读以实现信息自动处理。它具有条码技术的一些共性：每种码制有其特定的字符集；每个字符占有一定的宽度；具有一定的校验功能等，同时还具有对不同行的信息自动识别及处理图形旋转变化等功能。

在许多种类的二维条码中，常用的码制有 Data Matrix、Maxi Code、Aztec、QR Code、VeriCode、PDF417、Ultracode、Code 49、Code 16K 等，QR Code 码是 1994 年由日本 DW 公司发明。QR 来自英文 Quick Response 的缩写，即快速反应的意思，源自发明者希望 QR 码可让其内容快速被解码。目前，二维码的安全性也正备受挑战，带有恶意软件和病毒正成为二维码普及道路上的绊脚石，发展与防范二维码的滥用成为一个亟待解决的问题。

二维码是一种比一维码更高级的条码格式。一维码只能在一个方向（一般是水平方向）上表达信息，而二维码在水平和垂直方向都可以存储信息。一维码只能由数字和字母组成，而二维码能存储汉字、数字和图片等信息，其应用领域要广得多。

（二）二维码技术的分类

1. 按原理分类

二维条码/二维码可以分为堆叠式/行排式二维条码和矩阵式二维条码。堆叠式/行排式二维条码形态上由多行短截的一维条码堆叠而成；矩阵式二维条码以矩阵的形式组成，在矩阵相应元素位置上用“点”表示二进制“1”，用“空”表示二进制“0”，“点”和“空”的排列组成代码。二维码的原理可以从矩阵式二维码的原理和行列式二维码的原理来讲述。

（1）堆叠式/行排式

堆叠式/行排式二维条码（又称堆积式二维条码或层排式二维条码），其编码原理是建立在一维条码基础之上，按需要堆积成二行或多行。它在编码设计、校验原理、识读方式等方面继承了一维条码的一些特点，识读设备与条码印刷与一维条码技术兼容。但由于行数的增加，需要对行进行判定，其译码算法与软件也不完全相同于一维条码。有代表性的行排式二维条码有 Code 16K、Code 49、PDF417、Micro PDF417 等。

（2）矩阵式二维条码

矩阵式二维条码（又称棋盘式二维条码），它是在一个矩形空间通过黑、白像素在矩阵中的不同分布进行编码。在矩阵相应元素位置上，用点（方点、圆点或其他形状）的出现表示二进制“1”，点的不出现表示二进制的“0”，点的排列组合确定了矩阵式二维条码所代表的意义。矩阵式二维条码是建立在计算机图像处理技术、组合编码原理等基础上的一种新型图形符号自动识读处理码制。具有代表性的矩阵式二维条码有 Code One、Maxi Code、QR Code、Data Matrix、Han Xin Code、Grid Matrix 等。

常用的码制有 PDF417 二维条码、Datamatrix 二维条码、QR - Code、Code 49、Code 16K、Code One 等，除了这些常见的二维条码之外，还有 Veri Code 条码、Maxi Code 条码、CP 条码、Codablock F 条码、田字码、Ultra Code 条码及 Aztec Code 条码。

2. 按业务分类

二维码的应用根据业务形态的不同，可分为被读类业务和主读类业务两大类。

（1）被读类业务

平台将二维码通过彩信发到用户手机上，用户持手机到现场，通过二维码机具扫描手机进行内容识别。应用方将业务信息加密、编制成二维码图像后，通过短信或彩信的方式将二维码发送至用户的移动终端上，用户使用时通过设在服务网点的专用识读设备对移动终端上的二维码图像进行识读认证，作为交易或身份识别的凭证来支持各种应用。

（2）主读类业务

用户在手机上安装二维码客户端，使用手机拍摄并识别媒体、报纸等印刷的二维码图片，获取二维码所存储内容并触发相关应用，或用户利用手机拍摄包含特定信息的二维码图像，通过手机客户端软件进行解码后触发手机上网、名片识读、拨打电话等多种关联操作，以此为用户提供各类信息服务。

（三）二维码在移动电子商务中的应用模式

移动电子商务发展的好坏，很重要的环节之一就是 O2O 与二维码模式。O2O 强调的是线上与线下的联系，而二维码与移动电子商务的结合，使线上与线下能更好更快速地整合。消费者只要拿着手机等移动工具对着商品的二维码进行扫描，就可以了解相关信息、获得相应优惠或实现即时付款。

在移动电子商务中，虽然主要目的是交易，但在业务进行过程当中，信息的获取对于带动交易的发生或是间接引起交易有非常大的作用。二维码技术的使用，正好可以便捷地获得这些信息。比如，用户可以通过手机扫二维码获取股票行情、天气、旅行路线、电影、航班、音乐等各种业务内容的信息，在这些信息的引导下，推动客户进行电子商务的交易活动。

在移动电子商务市场，二维码的商业应用模式可以大致分为以下几种。

1. 信息传播

不论是电子凭证还是博物馆、媒体或商品信息，其实都是信息传播的概念，用户用手机扫描二维码，就可以进入其对应的地址，获得完整的数据。供应商通过发送电子凭证和铺设扫码硬件设备到当地商户，就可以建立一个完整的商业模式。

2. 互动入口

用户可以通过扫描二维码来关注微信好友、领取优惠券、投票报名、参加调研、向企业回传客户信息等。企业能将广告投放效应最大化，获得宝贵的用户互动数据。

3. 形成购买

当扫描二维码后，链接直接把用户带往某个商品的电子商务平台，产生交易。

原来需要进实体店或在网上购买的流程，已经可以通过扫描二维码而实现，在手机上就可以完成购物支付流程。这样的方式可以满足消费者在原来无法涉足的空间进行消费的需求。

思考与练习

一、单项选择题

1. 以下关于移动互联网描述正确的是（　　）。

A. 移动互联网是将移动通信技术和互联网技术二者的简单叠加

B. 移动互联网先于互联网出现

C. 移动互联网技术强调用户可以不限制地点、时间接入互联网并使用相关业务

D. 有了移动互联网就可以抛弃传统互联网技术

2. 以下不属于移动互联网业务内容的是（　　）。

A. WAP 网站　　B. 手机 App　　C. 微信　　D. 短信

3. 以下与无线应用协议（WAP）无关的应用服务是（　　）。

A. 手机 GPS 定位　　B. 上网　　C. 浏览网页　　D. 收发电子邮件

4. 关于蓝牙技术描述错误的是（　　）。

A. 蓝牙是一种无线技术标准

B. 蓝牙可实现固定设备、移动设备和楼宇个人域网之间的数据交换

C. 蓝牙只能连接一台设备，无法进行数据同步

D. 蓝牙只能进行短距离的数据交换

5. 以下不属于二维码应用案例的是（　　）。

A. 移动支付　　B. 信息存储　　C. 产品溯源　　D. 移动定位

二、简答题

1. 简单论述移动互联网的应用领域，并说明其具体应用实例。

2. 什么是蓝牙技术，蓝牙技术应用于生活中的哪些领域？

三、论述题

1. 请论述基站定位与GPS定位的优劣。

2. 请论述移动互联网与互联网之间的关系。

四、操作题

选择一个熟悉的移动应用程序，分析其应用了哪些移动互联网技术。

第五章　电子商务网络安全技术概述

学习目标

知识目标

1. 了解引起网络故障的多种情况。
2. 熟悉设备故障的多种情况。
3. 了解网络系统安全的相关知识。
4. 了解常见的计算机病毒的特点。

能力目标

1. 掌握检查网络故障的方法。
2. 掌握设备故障处理的方法及步骤。
3. 能够进行网络安全问题分析，并提出相应解决方法。

任务概述

本章包含以下四个学习小节。

第一节　内网安全防御

第二节　网络故障处理

第三节　设备故障处理

第四节　系统安全

本章围绕电子商务网络安全展开介绍，使学生熟知计算机网络安全的相关知识，能够处理基本的计算机网络故障和设备故障，并能够提出相应的系统安全对策。

第一节　内网安全防御

随着网络技术和电子商务的迅猛发展，人们以各种方式利用因特网从事电子商务活动。电子商务已经成为人们进行商务活动的新模式。电子商务比传统商务更具有方便性和灵活性。然而，网络安全问题也随之而来，如内部窃密和破坏、截取、非法访问、破坏信息的完整性及破坏系统的可用性等。

一、内网及其接入方式

内网就是局域网，是在一个“局部”的地理范围内，如一个学校、工厂和机关内，将各种计算机、外部设备和数据库等互相连接起来组成的计算机通信网，简称 LAN。它可以通过数据通信网或专用数据电路，与远方的局域网、数据库或处理中心相连接，构成一个大范围的信息处理系统。如网吧、校园网、单位办公网都属于内网。另外，光纤到楼、小区宽带、教育网等虽然地域范围比较大但本质上还是基于以太网技术，所以仍然属于内网，如图 5－1 所示。

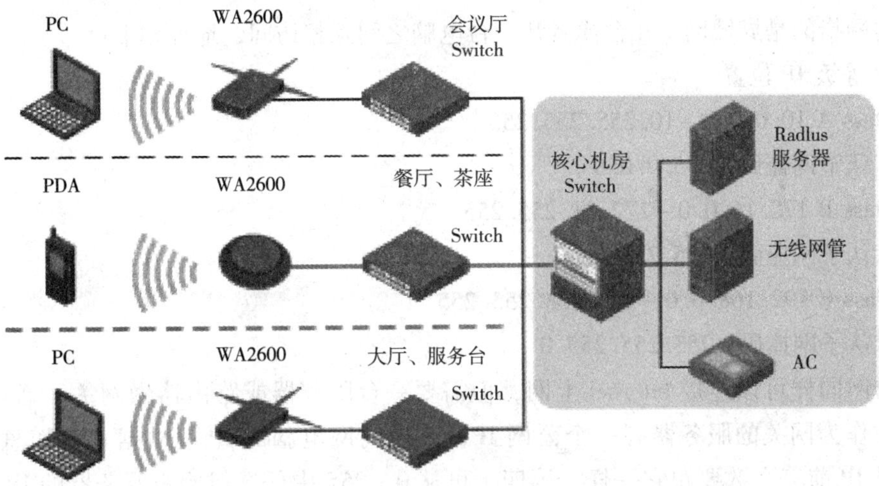

图 5－1　内网示例

内网接入方式：上网的计算机得到的 IP 地址是 Internet 上的保留地址，保留地址有如下三种形式。

10. ×. ×. ×

172. 16. ×. ×至 172. 31. ×. ×

192. 168. ×. ×

内网的计算机以 NAT（网络地址转换）协议，通过一个公共的网关访问因特网。内网的计算机可向因特网上的其他计算机发送连接请求，但因特网上的其他计算机无法向内网的计算机发送连接请求。

二、内网与外网的区别

外网一般指广域网，就是我们常用的 Internet 网络，是不经路由器或交换机就可以上网的网络，可以直接被外界访问到，如图 5－2 所示。外网是由许多交换机组成的，交换机之间采用点到点线路连接方式，几乎所有的点到点通信方式都可以用来建立外网，包括租用线路、光纤、微波、卫星信道。而广域网交换机实际上就是一台计算机，有处理器和输入/输出设备进行数据包的收发处理。

图 5-2　外网示意图

内网指的是局域网，几台或者几十台电脑之间互相访问，地址如下：

IP 等级 IP 位置

Class A 10. 0. 0. 0 - 10. 255. 255. 255

默认子网掩码：255. 0. 0. 0

Class B 172. 16. 0. 0 - 172. 31. 255. 255

默认子网掩码：255. 255. 0. 0

Class C 192. 168. 0. 0 - 192. 168. 255. 255

默认子网掩码：255. 255. 255. 0

内网同样可以连接 Internet 上网，但需要一台服务器或路由器做网关，通过它来上网。作为网关的服务器有一个公网 IP，其他内网电脑的 IP 可根据它来随意设置，前提是 IP 前三个数要跟它一样，第四个可从 0 ~ 255 中任选但要跟服务器的 IP 不同。

三、内网的安全问题

内网存在的安全问题主要有以下几方面：

①局域网爆发病毒，木马泛滥的问题。

②单位电脑中重要资料信息安全问题的解决。

③电脑滥用的问题。

④互联网访问及上网权限管理问题。

⑤局域网内电脑数量不断增加，管理员已无法维护庞大的电脑数量的问题。

⑥软硬件资产管理问题。

⑦补丁自动升级管理问题。

⑧非法外联及非法 IP 地址管理问题。

⑨带宽、流量管理问题。

四、内网安全防御策略

随着电子商务、物联网、大数据等互联网技术越来越多地应用在各个领域，在一定程度上加速了转变生产方式、发展现代企业的步伐，因此，在信息化的建设过程中，需要掌握相应的内网安全防御策略。

下面给出了应对企业内网安全挑战的 10 种策略。这 10 种策略既是内网的防御策略，也是提高大型企业网络安全的策略。

1. 注意内网安全与网络边界安全的不同

内网安全的威胁不同于网络边界安全的威胁。网络边界安全技术防范来自 Internet 上的攻击，主要是防范来自公共的网络服务器的攻击。网络边界防范降低了资深黑客仅仅只需接入互联网、写程序就可访问内网的概率，例如边界防火墙系统。

内网安全威胁主要源于企业内部。恶性的黑客攻击事件一般都会先控制局域网络内部的一台 Server（服务器），然后以此为基地，对内网上其他主机发起恶性攻击。因此，应在网络边界展开黑客防护措施，同时建立并加强内网防范策略。

快速理解

Server

Server 一词，有软硬之分。从硬件的角度而言，Server 是物理上存在的服务器；而从软件的角度来说，Server 指的是具备服务器端功能的电脑软件以及正在运行的服务器端软件。

2. 限制虚拟专用网（VPN）的访问

虚拟专用网（VPN）用户是可以访问内网的，因此虚拟专用网用户的访问对内网的安全造成了巨大的威胁，它们将弱化的桌面操作系统置于企业防火墙的防护之外。所以要避免给每一位虚拟专用网用户访问内网的全部权限。这样可以利用登录控制权限列表来限制虚拟专用网用户的登录权限的级别，即只需赋予他们所需要的访问权限级别即可，例如访问邮件服务器或其他可选择的网络资源的权限。

3. 为合作企业网建立内网型的边界防护

合作企业网也是造成内网安全问题的一大原因。例如安全管理员虽然知道怎样利用技术来加固防火墙、保护数据库服务器（MS－SQL），但是 Slammer 蠕虫仍能侵入内网，就是因为企业给了他们的合作伙伴内部资源的访问权限。因此，既然不能控制合作者的网络安全策略和活动，就应该为每一个合作企业创建一个隔离区（DMZ），并将他们所需要访问的资源放置在相应的隔离区（DMZ）中，不允许他们对内网其他资源进行访问。

快速理解

Slammer 蠕虫

Slammer 是一款 DDOS 恶意程序，透过一种全新的传染途径，采取分布式阻断服务攻击感染服务器，Slammer 蠕虫病毒每隔 8.5 秒就能使它所侵袭的范围增加一倍，而一台受到 Slammer 蠕虫病毒感染的服务器每秒能发出数以万计的数据访问命令，从而轻而易举地导致网络通道发生阻塞。

4. 自动跟踪的安全策略

智能的自动执行实时跟踪的安全策略是有效实现网络安全的关键，它带来了商业活动的一大改革，远远超过了手动安全策略的功效。商业活动的现状需要企业利用一种自动检测方法来探测商业活动中的各种变化，因此，安全策略也必须与此相适应。例如，实时跟踪企业员工的雇用和解雇情况、实时跟踪网络利用情况并记录与该计算机对话的文件服务器。总之，要做到确保每天所有活动都遵循安全策略。

5. 关掉无用的网络服务器

大型内网可能同时支持四到五个服务器传送 E-mail，有的内网还会出现几十个其他服务器监视 SMTP 端口的情况。这些主机中很可能有潜在的邮件服务器的攻击点。因此要逐个中断网络服务器来进行审查。若一个程序或程序中的逻辑单元作为一个 Windows 文件服务器在运行但是又不具有文件服务器作用，应关掉该文件的共享协议。

6. 首先保护重要资源

若一个内网上连接了成千上万台计算机，那么要保持每一台主机都处于锁定状态和补丁状态是非常不现实的。大型内网的安全考虑一般都有择优问题，因此，首先要对服务器做效益分析评估，然后对内网的每一台网络服务器进行检查、分类、修补和强化工作，找出重要的网络服务器，这样，就能迅速确定最重要的资产，并做好内网的定位和权限限制工作。

7. 建立可靠的无线访问

审查网络，为实现无线访问建立基础，排除无意义的无线访问点，确保无线网络访问的强制性和可利用性，并提供安全的无线访问接口，将访问点置于边界防火墙之外，并允许用户通过虚拟专用网（VPN）技术进行访问。

8. 建立安全过客访问

对于过客不必给予其公开访问内网的权限。许多安全技术人员执行“内部无 Internet 访问”的策略，使得员工给客户一些非法的访问权限，造成了内网实时跟踪的困难。因此，须在边界防火墙之外建立过客访问网络块。

9. 创建虚拟边界防护

主机是被攻击的主要对象。与其努力避免所有主机不遭受攻击，不如努力使攻击者无法通过受攻击的主机来攻击内网方面多做努力，因此必须解决企业网络的使用和在企业经营范围建立虚拟边界防护这个问题。这样，如果一个市场用户的客户机被侵入了，攻击者也不能由此进入公司的 R&D（科学研究与试验发展），所以要实现公司 R&D 与市场之间的访问权限控制。

快速理解

R&D

R&D（Research and Development），指在科学技术领域，为增加知识总量以及运用这些知识去创造新的应用进行的系统的创造性的活动，包括基础研究、应用研究、试验发展三类活动。可译为“研究与开发”。

10. 可靠的安全决策

网络用户也存在着安全隐患。有的用户或许对网络安全知识非常欠缺，如不知道代理网关和分组过滤防火墙之间的不同等，但是他们作为合作者，也是网络的使用者。因此企业内网就要让这些用户也容易使用，这样才能引导他们自动响应网络安全策略。

另外，在技术上，采用安全交换机、重要数据的备份、使用代理网关、确保操作系统的安全、使用主机防护系统和入侵检测系统等措施也不可或缺。

第二节 网络故障处理

互联网的普及对于电子商务的推进带来了极大的便利，对于促进传统企业的转型也极为有利，但在开展电子商务的过程中，难免会遭遇网络故障。所谓网络故障（Network Failure）指由于硬件的问题、软件的漏洞、病毒的侵入等引起网络无法提供正常服务或降低服务质量的状态。

在解决网络故障之前，首先要知道网络中有哪些设备，这些设备之间是怎样连接的。如果是局域网内的设备，需要知道各个设备的 IP 地址、子网掩码，如果是广域网设备或者是连接到 Internet 的设备，需要了解设备的 IP 地址、子网掩码、网关地址、DNS 地址以及路由表信息。

总体来说，如果按照用户划分，网络故障分为“企业中的”网络故障与“个人用户”网络故障。对于企业中的网络故障来说，如果按照产品功能划分，网络故障通常包括工作站故障、服务器故障、网络设备故障、线路故障与其他故障。在解决故障时，本着“从简单到复杂”“从软件故障到硬件故障”的原则进行判断。

一、工作站故障处理

对于工作站故障，通常采用“代替法”与“排除法”即可解决。当网络中的工作站出现问题时，需要清楚是网络中的所有工作站出现问题，还是某一组的工作站出现问题，或者仅仅只是某一台工作站出了问题。

如果网络中的所有工作站都出现了同一个问题，如都不能登录服务器，登录服务器很慢，或者都不能访问某个或者某些网站，这种情况的故障可能出现在工作站到故障点之间的线路或者某些设备上。如核心交换机出现问题、所有的工作站的上级交换机或者路由器或者服务器出现问题，甚至是网络的出口（广域网或者 Internet 网络）出现问题。这时候，可以在网络中的任意一台工作站上使用 Ping 命令，依次检查到上一级设备的连接情况，逐级检查以定位故障点，最后排除故障。

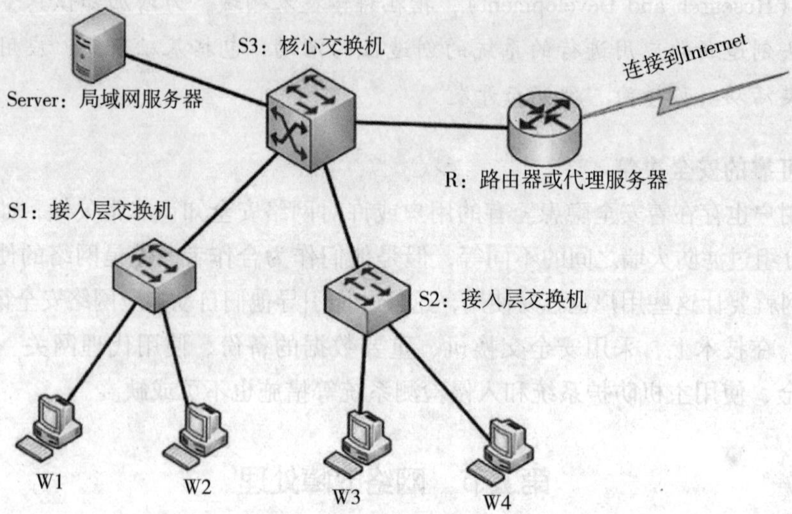

图 5－3　网络拓扑图

例如，对于类似图 5－3 所示的网络拓扑情况，当所有的工作站不能访问服务器 Server 或者不能访问互联网时，可以在网络中的任意一台工作站上（如 W1），使用 Ping 命令，首先检查到 S3 交换机的连通性，如果到 S3 不能连通，则检查 S3 交换机的配置情况，在确认不是配置问题后，检查 S3 交换机是否损坏，如果 S3 交换机损坏，根据情况维修或者更换。然后检查到服务器的连通性，如果不能访问服务器，检查 S3 与服务器之间的线路，之后依次检查服务器的网卡、服务器的配置，对于 S3 与服务器之间的线路，可以采用“代替法”就是找一段好的线路代替 S3 与服务器原来的连线，检查是否该线路问题。在排除线路问题后，可以确认是服务器出现了问题。如果是不能访问互联网，则需要依次检查 S3 到路由器或代理服务器、防火墙之间的线路、路由器的配置、路由器到互联网的线路情况，然后再检查是否是 ISP（Internet Service Provider，因特网服务提供商）的故障等。实际上，如果网络中的所有工作站都不能访问外网，则首先要在代理服务器或者路由器上，检查到上级线路的连接是否正常，在排除上级线路（ISP）的故障后，检查 S3 与路由器之间的线路、路由器的配置等情况。

如果网络中的某些工作站出现问题，而网络中的其他组工作站都正常，这时，要检查出现问题的工作站与其他组能否互通，例如，以图 5－3 为例，如果 S2 中的工作站都不能访问服务器或者不能访问互联网，则首先要检查 S2 中的工作站能否与 S1 中的工作站互通，最简单地是使用 Ping 命令检查。如果 S2 与 S1 能互通，则表明 S2 中的工作站不能访问服务器或者互联网，是服务器与路由器的设置问题造成的；如果 S2 中的工作站与 S1 中的服务器不能互通，则表明是 S2 交换机、S2 与 S3 的连线或者 S3 交换机的设置引起的。这时，按照顺序依次检查并排除即可。

如果网络中的一台工作站出现问题，如 W3 不能访问服务器或互联网，而网络中其他的工作站都正常，可以按照如下步骤解决。

①在 W3 工作站上，使用 Ping 命令，检查是否可以 Ping 通 W4 或 S2 或 S3 交换机，如果能 Ping 通这些工作站或交换机，则表示 W3 不能访问服务器或互联网，是服务器端对 W3 进行了限制，如果不能 Ping 通，则进行下面的检查。

②打开“网络连接”，查看是否出现如图 5－4 所示的“网络电缆被拔出”的情况，如果出现这种问题，表明是网线问题，或者是连接 W3 的 S2 交换机端口出现问题。

图 5－4　网线没有接好

③打开“网络连接”，用鼠标右键单击“本地连接”，看是否出现“启用”端口，如果出现，表示当前网卡被禁用，启用网卡即可，如图 5－5 所示。

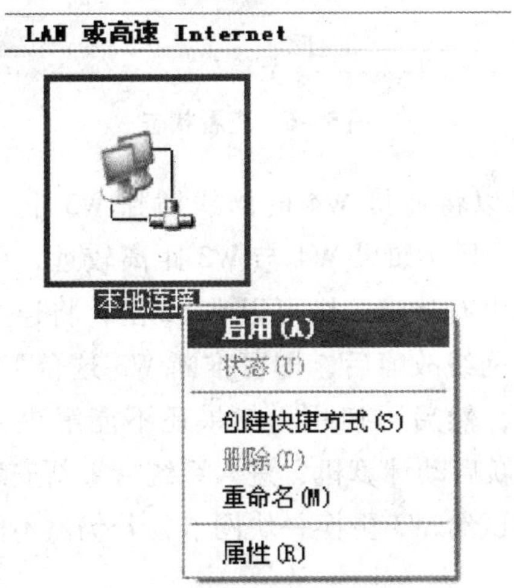

图 5－5　网卡被禁用

④之后检查网卡配置是否正确（IP 地址、子网掩码、网关地址），如果是通过 DHCP 方式获得地址，检查是否获得地址，如果获得的地址是 0.0.0.0 或 169.254.×.×，则表示没有获得 IP 地址；如果获得的地址的子网掩码为 0.0.0.0，则表示 IP 地址冲突。在这些情况下，可以“手动”指定网络中正确的地址。在确认不是 IP 地址或者配置的

问题后，查看 W3 网卡的状态，如图 5－6 所示，如果“状态”只有发送数据，而没有收到数据时，表示是 W3 的网卡或 W3 的网线或 S2 交换机上连接 W3 的端口出现问题。

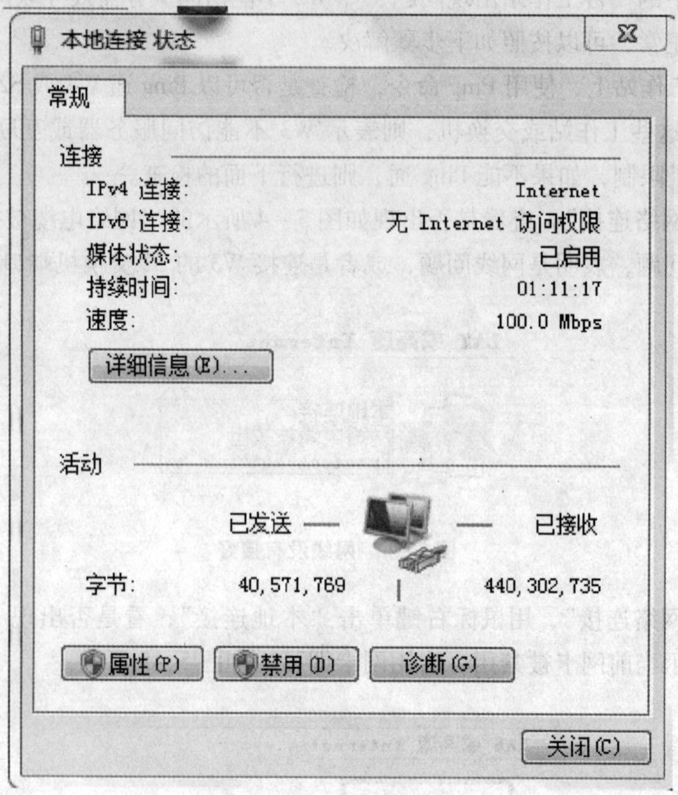

图 5－6　查看状态

如果是这种情况，可以将连接 W4 的网线插到 W3 上（当 W4 与 W3 离得很近时），检查是否是线路的问题，如果 W4 与 W3 距离较远，可以用测线仪检查 W4 网线是否有故障。如果网线没有故障，则可以在 S2 上，将连接 W4 的网络更换一下端口，在排除交换机端口与网线故障后，即可推断 W3 这台工作站出现问题。这时候，可以“禁用”W3 的网卡，然后再启用，如果还不能解决，可以在“设备管理器”中，卸载 W3 的网卡，重新启动计算机，进入系统后重新安装网卡驱动程序。如果问题仍然没有解决，可以尝试给 W3 更换一块网卡，若仍然不能解决问题，只能重新安装操作系统。

二、服务器故障处理

服务器故障主要包括硬件故障、软件故障与操作系统故障等。当网络中的服务器出现故障时，可以按照下面的顺序检查。

①检查外观：服务器能否启动，如果服务器已经处于登录状态，不要着急重新启动服务器，先检查服务器的指示灯，例如电源、硬盘指示灯，或者其他警报指示灯，

当指示灯正常时，可以登录到控制台，使用 Ping 命令，检查服务器的网络连通性。如果不能连通，检查服务器 TCP/IP 设置、网卡驱动程序、网卡、网线等问题。

②当网络连通时，检查所提供的“服务”是否启动，工作是否正常。如果这台服务器是 SQL Server 服务器，就要登录“SQL Server 企业管理器”，查看服务状态是否正常，或者检查“服务”中，SQL Server 服务是否启动。如果是 Windows 服务器，还可以使用“事件查看器”查看日志，通常情况下，一些错误信息会在日志中反映出来。

③如果服务器原来正常，是在某个时间或者某个操作后不正常的，则检查是否相关的操作引发了服务器的故障。如果有多人共同管理服务器，就要询问所有管理服务器的人，是哪个管理员的操作后出现的故障，或者检查上次管理人员对服务器的操作记录，从而解决问题。

为了保证服务器能稳定、可靠地对外提供服务，通常来说，管理服务器需要做到以下几点。

①保证服务器所在机房温度、湿度在规定的范围内，不要让机房有太多的灰尘。

②保证机房供电电压稳定。

③不要在服务器上挂 QQ、使用 BT 等软件下载东西，也不要在服务器上测试软件。

④为服务器设置强密码，并且关闭服务器不使用的端口，禁用或停用服务器不需要的服务，如果是 Windows 服务器，还需要及时更新补丁。

⑤不要在服务器上做实验，不要随意改动服务器的设置，如果改动了设置，一定要及时记录，并且在改动设置之后，检查服务器能否正常工作。

三、网络设备故障处理

网络设备故障包括交换机故障、路由器故障、光纤收发器故障等。

通常来说，网络设备的故障相对比较好定位或排除。当网络设备出问题后，通常能从网络设备的指示灯显现出来。例如，带有故障显示的高端路由器、交换机，或者是普通的交换机，指示灯不亮或者常亮，正常情况下应该闪烁而不是一直亮，这些都比较容易区分。另外，一些交换机或路由器，还可以通过 Telnet 或 Web 方式管理，当不能登录这些设备时，在排除工作站故障、线路故障后，可以定位到设备故障。一些可管理的交换机，还可以通过控制线进行设置，当使用控制线不能登录时（排除设置工作站与控制线问题后），可以判断是交换机的问题。

四、线路故障处理

线路指的是连接工作站（或服务器）与网络设备之间的线路，如工作站到交换机的 RJ45 网线，服务器到核心交换机的光纤（或 RJ45 网线），交换机与交换机（或路由器、网关、防火墙或代理服务器等）之间的 RJ45 网线或光纤等，线路还包括到 ISP 的接线，如光纤或 DDN、ADSL 线路等。

如果怀疑 RJ45 网线故障，可以用测线仪检查，或者用其他正常的网线代替来检查；如果是光纤，可以看连接光纤设备的指示灯，或者用测光纤的设备检查；如果是到 ISP 的线路，可以请 ISP 工作人员检查。

五、个人用户网络故障处理

个人用户网络故障，指的是个人或家庭用户，通过 ADSL、电话拨号或者小区提供的入户网线提供的宽带网络连接所出现的故障。如果是几家共用路由器、ADSL（Asymmetric Digital Subscriber Line，不对称数字用户线）共享上网，则可以按照前面“工作站故障”等步骤解决。

如果是个人用户网络故障，通常来说，即宽带拨号故障、ADSL 接计算机网线故障、计算机故障几部分。如果是宽带拨号故障，可以检查 ADSL 的指示灯，看是到 ISP 的宽带线路故障，还是用户名、密码故障，这些在拨号的时候都会有显示。

第三节　设备故障处理

设备故障又被称为硬件故障，一般是指线路或者设备出现物理类问题，即硬件类问题，包括端口、网卡、集线器、双绞线等方面的故障，因此，在学习电子商务时，也应学习并熟悉计算机硬件知识，这样设备出现故障时，才能够做到有的放矢，循序排查原因，并结合所学专业知识，在第一时间内解决故障，最大限度地降低因设备故障带来的损失。

一、故障分析

以双绞线构成的星型网络为例，当出现网络故障时，通常可通过如下步骤分析，找出故障产生的原因后排除。

（一）确定正确的查找方向

如果某一台计算机的网络功能失灵，而其他计算机都能正常工作，则为单机问题。这时可以缩小范围，将目标限定在以下四种情况，如图 5－7 所示。

①软件设置有误，例如，未正确添加网络通信协议，未指定静态 IP 地址，而网络中又没有 DHCP（Dynamic Host Configuration Protocol，动态主机配置协议）服务器。

②网卡设置错误或本身已损坏。

③从集线器接往该计算机的接线故障或接触不良，包括两端的 RJ45 水晶头。

④计算机所连接的集线器插槽故障。

如果是部分计算机的网络功能同时失效，则存在以下两种可能。

①连接这些计算机的集线器发生故障。

②假如网络中串联了多台集线器，也可能是该集线器连接上层的网线质量不佳。

图 5－7　单机故障示例

（二）单机故障的排除

单机故障的排除应遵循下列顺序。

1. 网卡本身故障

许多网卡上都有 Power/TX 灯，当网卡正常且连接无误时，只要打开计算机电源，此灯便会亮起。在数据传输时，此灯还会闪烁。如果确定是网卡本身的故障，则需要更换一块网卡并重新开机测试。

2. 网卡设置错误

普通网卡的驱动程序磁盘大多附有测试和设置网卡参数的程序。分别检查网卡设置的接头类型、IRQ、I/O 端口地址等参数。若有冲突，只要重新设置即可恢复正常。检查是否正确安装网卡驱动程序，如果驱动程序选择错误，则可能发生不稳定的现象。修复的方法是找到正确的驱动程序，重新安装。

3. 接线故障或接触不良

通信介质本身的导通问题也是引起网络故障的重要原因之一。因此，确定网线是否正常是相当必要的，一般应从以下三个方面进行检查。

①双绞线颜色和 RJ45 水晶头的脚位是否相符。

②双绞线头是否顶到 RJ45 水晶头顶端。如果没有，该线的接触会较差，需要重新压接。

③RJ45 水晶头侧面的金属片是否已插入绞线之中，如果没有，很可能造成线路不通。如果看不出问题所在，可更换一条正常的网线。

4. 集线器问题

一般来说，集线器损坏情况不太严重，只会影响一两个插槽。建议换插其他插槽，一般问题即可解决。

（三）部分网络故障的排除

对于多台计算机同时无法连通的部分网络故障，可从以下两方面进行分析。

1. 检查集线器上的指示灯

集线器上的 RJ45 插槽都有相对应的指示灯，观察各个集线器的指示灯状态。假如某个插槽在插了双绞线或者串联其他集线器之后，指示灯不亮，那么这个插槽可能有问题，或者是通过这个插槽连接的网线或集线器的故障。

2．确定范围，找出根源

星型网络上的一些计算机如果集体断线，通常发生在同个集线器下，包括这个集线器之下的分支。这是因为当从一个多层星型结构的网络中截断一条连线或者去掉一个节点之后，完整的结构就会分解，使原本连通的各节点分开。因此找出“脱网”的多台计算机，然后确定它们共同接入网络的最近的集线器。此时使用替换法找出问题所在，网络就会恢复正常。

二、网卡故障处理

网卡是实现网络通信的关键，出现故障一般是由于未正确安装驱动程序、设置错误或网卡硬件本身有问题。

例如，将网卡插入主板的 PCI 扩展槽后启动计算机，Windows XP 没有提示安装网卡的驱动程序。打开“设备管理器”，发现网卡上显示错误符号“×”。

出现这种问题的原因主要有网卡未安装好或者网卡本身已损坏，解决方法如下。

①右键单击桌面上“我的电脑”图标，在弹出的快捷菜单中选择“属性”命令，打开“系统属性”对话框，切换到“硬件”选项卡，如图 5－8 所示。

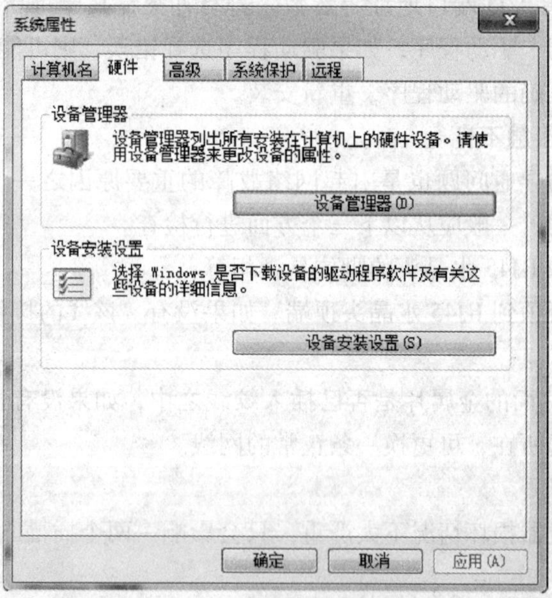

图 5－8　“硬件”选项卡

②单击“设备管理器”按钮，打开“设备管理器”窗口，如图 5－9 所示。

③右键单击带有错误符号“×”的网卡，从弹出的快捷菜单中选择“卸载”命令，并确认设备删除。

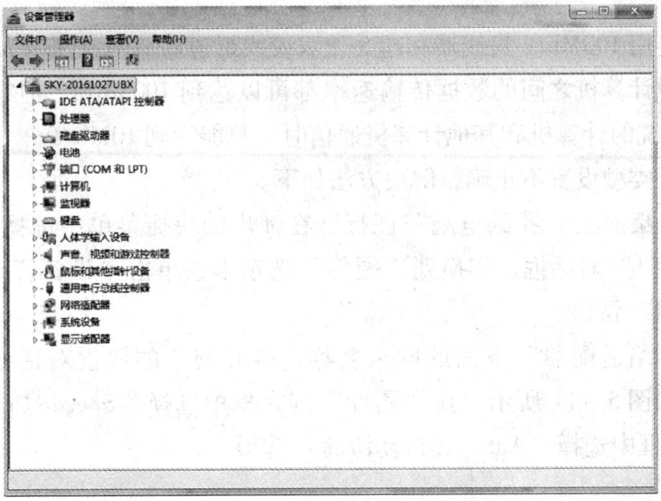

图 5－9　“设备管理器”窗口

④关闭计算机，打开机箱，拔出网卡重新安装。

⑤将网卡金手指平行对准 PCI 扩展槽，然后用手将其均匀插入并固定好螺钉。

⑥将驱动程序盘（一般是软盘）放入软驱，然后重新启动计算机。Windows 会提示发现新硬件，并自动安装其驱动程序。

⑦安装网卡驱动程序后，再次打开“设备管理器”窗口。如果发现网卡上仍然显示错误符号“×”，则表明是网卡故障，而不是安装不当。此时应更换网卡。

快速理解

提　示

将驱动程序盘事先放入软驱的目的是保证 Windows 能够自动找到网卡的驱动程序并安装。即如果在内置程序库中找不到新增网卡的驱动程序，它会自动查找可移动驱动器（光驱和软驱）中有没有匹配的驱动程序。

设置好网络之后，经常发现时断时续，当使用 Ping 命令检测时，有时返回结果正确，有时却找不到 Ping 对象。而且网卡的指示灯时灭时亮，与网卡连接的集线器所对应的指示灯也是如此。这是由于现在大多数都是 PCI 网卡，而系统将 IRQ5（网卡的请求中断值）分配给了系统保留的 ISA 总线设备，结果导致 PCI 网卡无法正常工作，解决方法如下。

①重新启动计算机，按“Del”键，进入 CMOS 状态。

②使用方向键选择“PNP/PCIconfiguration”选项，按“Enter”键进入。

③使用方向键选“IRQ5”选项，然后按下“PageUp”键或“PageDown”键将后面的状态“assignedto：LegacyISA”（保留的 ISA 总线设备）改为“assignedto：PCI/

ISAPnP”。

例如，在使用100Mb/s集线器和超5类双绞线组建局域网，网卡为10/100Mb/s自适应型时，其他计算机之间的数据传输速率都可以达到100Mb/s，但有一台运行Windows XP操作系统的计算机和其他计算机通信时，只能达到10Mb/s。

网卡的连接类型设置不正确，解决方法如下。

①右键单击桌面上“我的电脑”图标，在弹出的快捷菜单中选择“属性”命令，打开“系统属性1”对话框。切换到“硬件”选项卡，单击“设备管理器”按钮，打开“设备管理器”窗口

②双击“网络适配器”下面的网卡名称，打开网卡的属性对话框。切换到“高级”选项卡，如图5－11所示。在“属性”列表框中选择“Speed&Duplex”选项，从“值”下拉列表框中选择“Auto”（自动协商）选项。

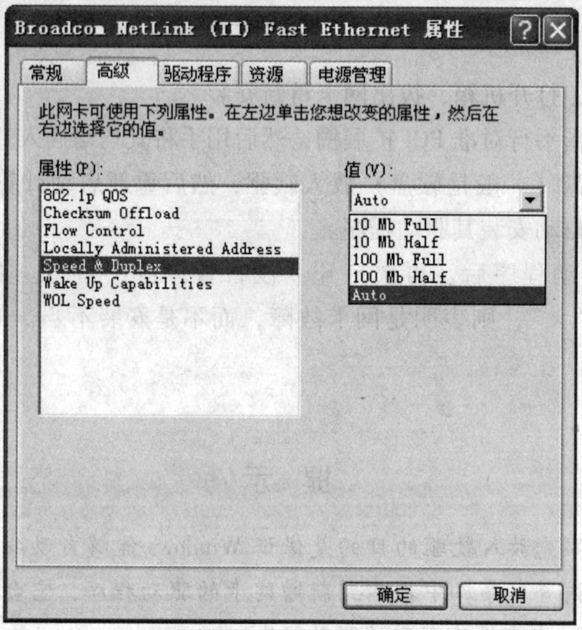

图5－10 “高级”选项卡

③依次单击“确定”按钮，关闭对话框。这样网卡就会根据具体的通信条件自动选择数据传输速率，最高为100Mb/s。

三、集线器故障处理

集线器是星型网络中常用的设备，可以通过观察集线器上的指示灯判断网线连接是否正常。一般来说，集线器硬件本身出现问题的可能性极小，问题常出在连接距离上。有时为了扩大网络连接范围，一般通过集线器之间的级联来扩大传输距离进行解决。

在10Mb/s星型网络中，最多可级联4台集线器，而且相互之间的线长不能超

过 100m。

在 100Mb/s 星型网络中只允许两台 100Mb/s 的集线器级联，而且相互之间的连接距离不能超过 5m。

在新建一个 100Mb/s 网络或网络从 10Mb/s 升级到 100Mb/s 时，由于集线器距离加大，将导致网络无法正常工作。

解决的方案是根据网络布线原则，两台集线器之间的连接距离不能大于 5m，100Mb/s 网络在使用时的最大距离为 205m。

四、双绞线故障处理

双绞线是目前最常用的网络通信介质，常见问题是双绞线的头未顶到水晶头顶端、绞线未按照标准脚位压入水晶头、接头规格不符、接头松脱及双绞线类别错误等。

例如，一个由六台计算机组成的局域网，组建之初一切正常。几个月后，发现计算机 A 和其他计算机可通信，其他计算机从 A 上复制文件时速度也正常。但向计算机 A 上复制文件时速度较慢，有时一个几百 KB 的文件复制很长一段时间后，弹出“网络路径太深”的错误提示，如图 5－11 所示。

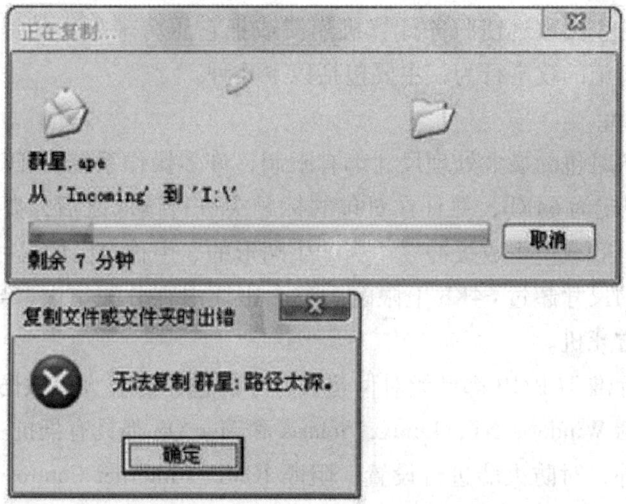

图 5－11　“网络路径太深”示例

由于计算机 A 和其他计算机能够通信，说明网卡和集线器没有问题。问题很可能是计算机 A 所使用的双绞线的 RJ45 水晶头脱落。原因是最初双绞线的头未顶到水晶头顶端，双绞线经过一段时间拉车，最终导致水晶头脱落。

解决的方法是使用压线钳将原水晶头剪掉，然后安装两个新的水晶头。安装时要注意正确排线，将双绞线的头用力压入水晶头的顶端。

第四节 系统安全

随着全球信息高速公路的建设和发展，个人、企业乃至整个社会对信息技术的依赖程度会越来越高，这也对计算机系统安全提出了更高、更全面的要求，一旦网络系统安全受到威胁，会给个人、企业、社会带来巨大损失。因此，提高对网络系统安全重要性的认识、增强防范意识、强化防范措施，是保证信息产业持续稳定发展的重要保证和前提条件。

一、网络入侵

入侵是指在非授权的情况下，试图读取信息、处理信息或破坏系统，以使系统不可靠、不可用的故意行为。网络入侵（Hacking）通常是指具有熟练地编写和调试计算机程序的技巧，并使用这些技巧来获得非法或未授权的网络或文件访问权限，入侵进入内部网的行为。网络入侵危害极大，主要有以下几种类型。

（一）拒绝服务攻击

拒绝服务攻击企图通过使服务计算机崩溃或把它压垮来阻止其提供服务，拒绝服务攻击是最容易实施的攻击行为，主要包括以下几种。

1. 死亡之 Ping

一般网络设备对包的最大处理尺寸都有限制，许多操作系统对 TCP/IP 堆栈的实现在 ICMP 包上都规定为 64Kb，并且在对包的标题头进行读取之后，要根据该标题头里包含的信息来为有效载荷生成缓冲区。当产生畸形的、声称自己的尺寸超过 ICMP 上限的包也就是加载的尺寸超过 64Kb 上限时，就会出现内存分配错误，导致 TCP/IP 堆栈崩溃，致使接收方死机。

现在所有的标准 TCP/IP 都已能对付超大尺寸的包，并且大多数防火墙能够自动过滤这些攻击，包括 Windows NT，Linux，Solaris 和 Mac OS 都具有抵抗一般 Ping of Death 攻击的能力。此外，对防火墙进行设置，阻断 ICMP（Internet Control Message Protocol，因特网控制消息协议），也可防止此类攻击。

2. 泪滴（Teardrop）

泪滴攻击利用那些在 TCP/IP 堆栈实现中信任 IP 碎片中包的标题头所含的信息来实现自己的攻击。IP 分段含有指示该分段所包含的原包的那一段信息，某些 TCP/IP（包括 ServicePack4 以前的 NT）在收到含有重叠偏移的伪造分段时将崩溃或严重异常。

3. SYN 泛洪（SYN flood）

一些 TCP/IP 堆栈的实现只能等待从有限数量的计算机发来的 ACK 消息，因为它们只有有限的内存缓冲区用于创建连接，如果这一缓冲区充满了虚假连接的初始信息，该服务器就会对接下来的连接请求停止响应，直到缓冲区里的连接企图超时。

4. Smurf 攻击

一个简单的 Smurf 攻击通过使用将回复地址设置成受害网络的广播地址的 ICMP 应答请求（Ping）数据包来淹没受害主机的方式进行，最终导致该网络的所有主机都对此 ICMP 应答请求做出答复，导致网络阻塞，比 Ping of Death（死亡之 Ping）的流量高出一个或两个数量级。更加复杂的 Smurf 将源地址改为第三方的受害者，最终导致第三方崩溃。

为了防止黑客利用入侵的网络攻击他人，需关闭被入侵网络的外部路由器或防火墙的广播地址特性。为防止被攻击，可在防火墙上设置规则，丢掉 ICMP 包。

5. 电子邮件炸弹

电子邮件炸弹是较古老的匿名攻击之一，攻击者通过设置一台计算机不断大量地向同一地址发送电子邮件，能够耗尽接收者网络的带宽。

6. 畸形消息攻击

各类操作系统上的许多服务都存在此类问题，由于这些服务在处理信息之前没有进行适当正确的错误校验，因此在收到畸形的信息时可能会崩溃。

（二）利用型攻击

利用型攻击是一类试图直接对受害者的计算机进行控制的攻击，最常见的有以下三种。

1. 口令猜测

一旦黑客识别了一台主机而且发现了基于 NetBIOS、Telnet 或 NFS 这样的服务可利用的用户账号，成功的口令猜测就能实现对计算机的控制。

2. 特洛伊木马

特洛伊木马是直接由一个黑客，或是通过一个不令人起疑的用户秘密安装到目标系统的程序。一旦安装成功并取得管理员权限，安装此程序的人就可以直接远程控制目标系统。

3. 缓冲区溢出

由于大意的程序员在很多的服务程序中使用 strcpy（），strcat（）这样的不进行有效位检查的函数，最终可能导致恶意用户编写一小段程序就可以进一步打开安全豁口，然后将该代码缀在缓冲区有效载荷的末尾。这样，当发生缓冲区溢出时，返回指针指向恶意代码，系统的控制权就会被夺取。

（三）信息收集型攻击

信息收集型攻击并不对目标本身造成危害，这类攻击被用来为进一步入侵提供有用的信息，主要包括扫描技术、体系结构探测、利用信息服务。

1. 扫描技术

地址扫描：运用 Ping 这样的程序探测目标地址，对此作出响应以表示其存在。

端口扫描：通常使用一些软件，向大范围的主机连接一系列的 TCP 端口，扫描软件报告它成功地建立了连接的主机所开的端口。

反响映射：黑客向主机发送虚假消息，然后根据返回“host unreachable”（主机不可达）这一消息特征判断出哪些主机是存在的。目前由于正常的扫描活动容易被防火墙侦测到，黑客转而使用不会触发防火墙规则的常见消息类型，这些类型包括 RESET 消息、SYN - ACK 消息、DNS 响应包。

慢速扫描：由于一般扫描侦测器的实现是通过监视某个时间帧里一台特定主机发起的连接的数目（如每秒 10 次）来决定是否在被扫描，这样黑客可以通过使用扫描速度慢一些的扫描软件进行扫描。

2. 体系结构探测

黑客使用具有已知响应类型的数据库的自动工具，对来自目标主机的坏数据包传送所作出的响应进行检查。由于每种操作系统都有其独特的响应方法（如 NT 和 Solaris 的 TCP/IP 堆栈具体实现，有所不同），通过将此独特的响应与数据库中的已知响应进行对比，黑客经常能够确定目标主机所运行的操作系统。

3. 利用信息服务

DNS 域转换：DNS 协议不对转换或信息性的更新进行身份认证，这使得该协议被人以一些不同的方式加以利用。对一台公共的 DNS 服务器，黑客只需实施一次域转化操作就能得到所有主机名称以及内部 IP 地址。

Finger 服务：黑客使用 Finger 命令来刺探一台 Finger 服务器以获取关于该系统的用户的信息。

LDAP 服务：黑客使用 LDAP 协议窥探网络内部的系统和它们的用户信息。

二、计算机病毒

（一）计算机病毒的特点

人类进入信息社会，创造了智能机器（电子计算机），同时也制造了机器病毒。1983 年计算机病毒首次被确认时，并没有引起人们的重视。直到 1987 年计算机病毒才开始受到世界范围内的普遍重视。我国于 1989 年在计算机界发现病毒。至今，全世界已发现数万种计算机病毒，并且这个数字还在高速地增加。

由于计算机软件的脆弱性与互联网的开放性，我们将与计算机病毒长期共存。而且，计算机病毒的种类不断翻新，编程手段越来越高明，防不胜防。特别是互联网的广泛应用，促进了计算机病毒的空前活跃，网络蠕虫病毒传播更快更广，Windows 病毒也更加复杂，并表现出如下特点。

1. 主动通过网络和邮件系统传播

从当前流行的计算机病毒来看，多数都可以利用邮件系统和网络进行传播。例如，W97M_ETHAN. A 和 097M_TRISTATE 虽然是宏病毒，不能主动通过网络传播，但是，很多人使用 Office 系统创建和编辑文档，然后通过电子邮件交换信息，因此，宏病毒就借助该种方式通过邮件进行传播。

2. 传播速度极快

由于计算机病毒主要通过网络传播，因此，一种新病毒出现后，可以迅速地通过国际互联网传播到世界各地。例如，“爱虫”病毒在一两天内就能迅速传播到全世界的主要计算机网络，并造成欧美国家的计算机网络瘫痪。

3. 危害性极大

“爱虫”“美丽杀”“冲击波”等计算机病毒都给世界计算机信息系统和网络带来灾难性的破坏，有的造成网络拥塞甚至瘫痪；有的造成重要数据丢失；还有的造成计算机内储存的机密信息被窃取；甚至有的计算机信息系统和网络被人控制。

4. 变种多

目前，很多计算机病毒使用高级语言编写，例如，“爱虫”是脚本语言病毒，“美丽杀”是宏病毒。因此，它们容易编写，并且很容易被修改，生成很多病毒变种。“爱虫”病毒在十几天中，出现 20 多种变种。“美丽杀”病毒也生成了三四个变种，并且此后很多宏病毒都使用了“美丽杀”的传染机理。这些变种的主要传染和破坏机理与母本病毒一致，只是某些代码做了改变。

5. 难以控制

利用网络进行传播、破坏的计算机病毒，一旦在网络中传播、蔓延，将很难控制。往往在准备采取防护措施的时候，可能已经遭受了病毒的侵袭，除非关闭网络服务，但是这样做很难被人们接受，同时关闭网络服务也可能会让计算机工作者蒙受更大的损失。

6. 难以根治，容易引起多次疫情

“美丽杀”病毒最早在 1999 年 3 月爆发，人们花费大量精力和财力控制住了它。但是，此后，它在美国又一次死灰复燃，再一次形成疫情，造成破坏。之所以出现这种情况，一是由于人们放松了警惕，新投入使用的系统未安装防病毒系统；二是使用了旧的已染病毒文档，激活了病毒，致使其再次流行。

7. 同时具有病毒、蠕虫和黑客程序的功能

计算机病毒的编制技术随着网络技术的普及和发展也在不断提高和变化。过去计算机病毒最大的特点是能够复制自身传染给其他程序。现在，计算机病毒具有了蠕虫的特点，可以利用网络进行传播，如利用 E－mail。同时，有些病毒还具有黑客程序的功能，一旦侵入计算机系统，病毒控制者可以从入侵的系统中窃取信息，远程控制这些系统，呈现出计算机病毒功能的多样化，因而更具有危害性。

（二）计算机病毒的防治策略

应制定严格的计算机病毒防治技术规范。在现代企业的发展中，个人或企业可根据具体情况，参照以下条款，制定恰当的防治规范。

①重要部门的计算机，尽量专机专用，与外界隔绝。

②不要随便使用在别的机器上使用过的可擦写存储介质，如软盘、硬盘、可擦写光盘等。

③坚持定期对计算机系统进行计算机病毒检测。

④坚持经常性的数据备份工作。不要因怕麻烦而忽略这项工作，否则后患无穷。

⑤坚持以硬盘引导。如果需用软盘引导，应确保软盘无病毒。

⑥对新购置的计算机和软件不要马上投入正式使用，经检测后，试运行一段时间，未发现异常情况再正式运行。

⑦对主引导区、引导扇区、FAT 表、根目录表、中断向量表等系统重要数据做备份。

⑧定期检查主引导区、引导扇区、中断向量表、文件属性（字节长度、文件生成时间等）、模板文件和注册表等。

⑨局域网的计算机尽量使用无盘（软盘）工作站。

⑩对局域网络中超级用户的使用要严格控制。

⑪在网关、服务器和客户端都要安装使用病毒防火墙，建立立体的病毒防护体系。

⑫一旦遭受病毒攻击，应采取隔离措施。

⑬不要使用盗版光盘上的软件。

⑭安装系统时，不要贪图大而全，要遵守适当的原则，如未安装 Windows Scripting Host 的系统，可以避免“爱虫”这类脚本语言病毒的侵袭。

⑮不要轻易打开电子邮件的附件。

⑯要将 Office 提供的安全机制充分利用起来，将“宏”的报警功能打开。

⑰发现新病毒及时报告国家计算机病毒应急处理中心和当地公共信息网络安全监察部门。

三、网络安全问题的应对策略分析

考虑到网络安全问题造成的严重影响，以及网络安全的重要性，在网络使用过程中，我们应对网络安全问题进行认真分析，应从网络发展实际出发，围绕网络安全存在的问题，制定具体的应对策略，保证网络安全问题得到有效解决，提高网络的安全性和可靠性，促进网络的快速健康发展。为此，我们应从以下几个方面入手，制定网络安全问题的应对策略。

（一）建立完善的网络安全管理制度，应对网络安全突发事件

为了防范网络系统突然遭遇外界因素干扰进而发生安全问题，应在网络使用过程中，根据自身需要，建立完善的网络安全管理制度，保证对网络安全问题能有足够的预见，并做到在网络安全突发事件中能够采取有效措施予以应对。考虑到网络安全面临的现实影响和威胁，我们应在建立完善的网络安全管理制度的基础上，对网络系统

和数据进行备份，避免因外界因素导致数据损坏或丢失。

（二）对操作系统及时进行更新，堵塞操作系统的安全漏洞

从目前计算机操作系统的发展来看，操作系统的研发部门能够在使用操作系统一段时间后意识到其存在的漏洞和缺陷，能够通过定期对操作系统进行升级和更新的办法有效堵塞操作系统的安全漏洞，从而满足操作系统的安全性能指标，提高操作系统的防御能力。所以，我们应在网络使用过程中，对操作系统进行及时更新，防患于未然。

（三）在网络终端系统中安装杀毒软件，提高防御能力

从目前网络的使用过程来看，计算机病毒作为一种特殊代码，无法从根本上予以消除。为了保证网络终端能够满足安全性能要求，应在网络终端系统中安装杀毒软件，定期对网络终端系统进行杀毒，保证网络终端系统能够抵御病毒攻击，提高网络终端系统的安全性。在当前网络保护中，安装杀毒软件是一种保护系统安全的有效方式，应广泛采用。

（四）采用信息加密技术，提高数据库的安全性

考虑到数据信息安全的重要性，在网络使用过程中，应结合数据库的使用特点，对数据库中的信息采取加密技术，防止数据库中的数据被盗用，提高数据的安全性。在数据库信息加密过程中，可以采用最新的加密技术，并且不定期地更新密钥，保证数据库不被计算机病毒和黑客入侵，达到保护数据库安全的目的。

（五）安装高版本的防火墙，采用防火墙和密码相结合的方式提高安全性

对于计算机终端而言，防火墙对防御外界攻击，提高系统安全性具有重要意义。为此，应在计算机终端上积极安装高版本的防火墙，提高防火墙的防御能力，满足计算机终端的防御需要，同时，还可以采用防火墙与密码相结合的方式，提高防火墙和计算机终端的安全性，有效解决网络安全问题。所以，应在每一个计算机终端上都安装防火墙。

思考与练习

一、单项选择题

1. 下列关于内网描述正确的是（　　）。

A. 内网就是狭义上的广域网

B. 外网是局域网，几台或者几十台电脑之间互访

C. 内网仅适用于网吧、校园网、单位办公网

D. 光纤到楼、小区宽带、教育网、有线电视 Cable Modem 上网虽然地域范围比较大但本质上还是内网

2. 为了保证服务器稳定、可靠地对外提供服务，通常来说，对管理服务器有一定要求。关于管理服务器，以下（　　）说法不正确。

A. 不要随意改动服务器的设置

B. 不要在服务器上挂 QQ、使用 BT 等软件下载东西

C. 对于 Windows 服务器，禁止更新补丁

D. 不要在服务器上测试软件

3. 单机故障的排除顺序是（　　）。

A. 网卡设置错误，网卡本身故障，接线故障或接触不良，集线器问题

B. 网卡本身故障，集线器问题，网卡设置错误，接线故障或接触不良

C. 网卡本身故障，网卡设置错误，接线故障或接触不良，集线器问题

D. 网卡设置错误，网卡本身故障，集线器问题，接线故障或接触不良

4. 下列哪项不属于利用型攻击网络侵入（　　）。

A. 缓冲区溢出　　　　B. Smurf 攻击

C. 特洛伊木马　　　　D. 口令猜测

5. 下列关于计算机病毒的防治策略不正确的是（　　）。

A. 一旦遭受病毒攻击，应立刻关机，避免传染

B. 不要使用盗版光盘上的软件

C. 打开宏的报警功能

D. 对主引导区、引导扇区、FAT 表、根目录表、中断向量表等系统重要数据做备份

二、简答题

1. 什么是内网？

2. 常见的计算机病毒特点是什么？

三、论述题

1. 你对网络安全问题有什么认识，并谈谈应对策略。

2. 由设备故障引起的网络问题有哪些情况，应该如何解决？

四、操作题

现有以双绞线构成的两台星型网络计算机出现了网络故障，请根据所学知识进行故障分析，并根据分析得出的可能性进行检测，确定故障范围，找出根源，并解决。

参考文献

[1] 董宇峰. 计算机网络技术基础 [M]. 北京：清华大学出版社，2016.
[2] 温明剑. 电子商务网络技术基础 [M]. 北京：清华大学出版社，2010.
[3] 黑客基地. 内网安全技术十大策略 [J]. 计算机与网络，2006 (6)：60.
[4] 陈孟建. 电子商务网络技术基础 [M]. 2 版. 北京：电子工业出版社，2016.
[5] 程文渭. 电子商务网络技术基础 [M]. 北京：电子工业出版社，2016.